TESTEMUNHAS DO
HOLOCAUSTO

Judith M. Hughes

TESTEMUNHAS DO
HOLOCAUSTO

TRADUÇÃO
UBK Publishing House

© 2018, Judith M. Hughes
Copyright da tradução © 2019 por Ubook Editora S.A.

Publicado mediante acordo com Bloomsbury Publishing Plc. Edição original do livro, *Witnessing the Holocaust*, publicada por Bloomsbury Publishing Plc.

Todos os direitos reservados. Nenhuma parte deste livro pode ser utilizada ou reproduzida sob quaisquer meios existentes sem autorização por escrito dos editores.

COPIDESQUE	Mariá Moritz
REVISÃO	Larissa Oliveira e Lara Freitas
CAPA E PROJETO GRÁFICO	Bruno Santos
IMAGEM DE CAPA	Marcus Lindstrom

Dados Internacionais de Catalogação na Publicação (CIP)
(Câmara Brasileira do Livro, SP, Brasil)

Hughes, Judith M.
  Testemunhas do Holocausto / Judith M. Hughes ; tradução UBK Publishing House. -- Rio de Janeiro : Ubook Editora, 2019.

  Título original: Witnessing the Holocaust.
  Bibliografia.
  ISBN 978-85-9556-112-0

  1. Holocausto judeu (1939-1945) 2. Holocausto judeu (1939-1945) - Narrativas pessoais 3. Sobreviventes do Holocausto I. Título.

19-30457   CDD-940.5318

Ubook Editora S.A
Av. das Américas, 500, Bloco 12, Salas 303/304,
Barra da Tijuca, Rio de Janeiro/RJ.
Cep.: 22.640-100
Tel.: (21) 3570-8150

*Em memória do meu marido, Stuart,
e para os meus netos, Jesse e Sophia.*

Prefácio

Quero evitar um potencial mal-entendido. Como sou ao mesmo tempo psicanalista e historiadora, quando apresentei pela primeira vez o material deste projeto, meus colegas tomaram como certo que eu interpretaria as psiques dos meus protagonistas. Posso tê-los desapontado. Eu aprecio o desejo de uma conclusão e a ansiedade que vem de não ser capaz de armazenar histórias de sobreviventes em caixinhas organizadas — e possivelmente edificantes. Mas não posso satisfazer esse desejo nem acabar com a ansiedade.

Um segundo potencial mal-entendido diz respeito à minha escolha de autores. No início, decidi me concentrar nos judeus seculares. Essa foi uma questão de preferência pessoal e também de identificação. Só quando me aproximei do fim do estudo é que reconheci outra característica que partilho com os meus protagonistas: a aversão ao sentimentalismo. Tenho que assumir que essa antipatia ajudou a guiar a minha seleção inicial.

Meu livro mais recente — *The Holocaust and the Revival of Psycho-*

logical History — surgiu a partir de um seminário de graduação que apresentei por vários anos. Este, de uma forma indireta, nasceu do mesmo curso. No outono de 2013, quando o livro anterior já estava em revisão, tive a impressão de que a atitude dos alunos, pelo menos no início, podia ser resumida como: "Guerra. Coisas ruins acontecem." Fiquei horrorizada pelo que entendi como, talvez injustamente, uma banalização do Holocausto. Este novo livro pode servir de antídoto. E é ainda mais urgente prestar atenção às vozes dos sobreviventes quando a Casa Branca pode emitir uma declaração sobre o Dia Internacional em Memória das Vítimas do Holocausto, como fez em 2017, sem sequer mencionar os judeus.

***

Em duas ocasiões aproveitei o feedback de palestras que dei quando o projeto estava na fase inicial. Apresentei parte do material do Capítulo um no Seminário de História Viva do Holocausto e do material do Capítulo 2 ao Departamento de História, ambos na Universidade da Califórnia, em San Diego.

Durante décadas falei com Donald L. Kripke e Edward N. Lee sobre assuntos psicanalíticos de interesse mútuo. Em diversas noites discutimos autobiografias de sobreviventes do Holocausto, quatro das quais acabei por incluir neste livro. Apreciei muito suas respostas aos textos e suas observações astutas. E há outras pessoas que, ao longo dos anos, foram ouvintes de confiança ou leitores solícitos. Gostaria de agradecer a Frank Biess, Sandra Dijkstra, Joel Dimsdale, Margrit Frölich, Peter Gourevitch, Corey Robin, Stephen A. Schuker, Robert S. Westman e ao meu filho, David. Nas fases finais, revisores anônimos em nome da Bloomsbury forneceram sugestões úteis.

Introdução

Em 2005, o escritor de 81 anos Jorge Semprún se dirigiu aos seus companheiros sobreviventes de Buchenwald e declarou: "Um ciclo de memória está se fechando."[1] Mais de uma década depois, a História, não a memória, tornou-se instrumento da recordação. E aqui reside um perigo: o da normalização. A própria enormidade dos crimes cometidos pelos nazistas, sua pura implausibilidade, aumenta a probabilidade de uma banalização. Para evitar isso, e preservar um sentimento de mal-estar, estranhamento e preocupação moral, é preciso ouvir as vozes daqueles que vivenciaram a História. O ciclo da memória pode ter se fechado, mas a porta para os diários e as autobiografias permanece aberta.

As vozes que tenho em mente são as de Victor Klemperer, Ruth Kluger, Michał Głowiński, Primo Levi, Imre Kertész e Béla Zsolt. O meu objetivo é permitir que esses sobreviventes falem para entender o que estava acontecendo ou já tinha acontecido com eles. Tentei ficar atenta aos detalhes vívidos da vida cotidiana sem me apressar a comentar ou interpretar. Em outras palavras, comprometi-me a manter a minha presença na narrativa a um nível mínimo. Aceitei o convite convincente, ainda que implícito, dos meus protagonistas para me juntar a eles nos seus mundos — como eles os representaram. Ao fazê-lo, tive consciência da recusa dessas pessoas de serem apagadas da história, da sua determinação em proporcionar um rastro literário que assegure que os perseguidos não se tornarão números sem nome e sem rosto.

Mas por que esses escritores, e não outros? Como justificar as minhas escolhas? Em primeiro lugar, os autores que selecionei são proeminentes, alguns muito conhecidos. Em segundo lugar, com exceção de Klemperer, que se converteu ao protestantismo na juventude, todos eles são, ou eram, judeus seculares. Então Elie Wiesel não está no meu elenco de personagens. E tirando Levi, meus protagonistas não faziam parte de um movimento de resistência organizado — Levi foi classificado como judeu pelos nazistas e sofreu de acordo. Assim, Semprún e Charlotte Delbo também não foram incluídos.

Os textos vão do diário de Klemperer à ficção autobiográfica de Kertész. Cronologia e geografia — a cronologia e a geografia da expansão nazista e de seu projeto genocida —, e não distinções de gênero obscuras, governam a ordem dos capítulos. Klemperer, um escritor inveterado, permaneceu em Dresden e acompanhou o regime nazista do início ao fim. Kluger, nascida em Viena, tinha sete anos quando Hitler anexou a Áustria à Alemanha em março de 1938, quatro anos mais tarde foi enviada primeiro para Theresienstadt e depois para Auschwitz. Głowiński estava completando cinco anos quando o exército alemão invadiu a Polônia em setembro de 1939; depois que ele e seus pais fugiram do gueto de Varsóvia, o menino encontrou abrigo em um convento católico. Só em setembro de 1943 os alemães invadiram a Itália, pouco depois, Levi foi capturado e transportado para Monowitz-Buna, um campo satélite de Auschwitz. Os judeus húngaros foram os últimos a cair nas mãos dos nazistas, em março de 1944. Kertész e Zsolt foram capturados, o primeiro desembarcou em Buchenwald, o último conseguiu escapar. Em conjunto, esses textos atingem o meu objetivo: transmitir uma vasta gama de horrores.[2]

Ser testemunha — preservar a memória do massacre nazista — é o tema principal. Outros surgem ao longo do caminho: tempo — como a ordenação em uma linha do tempo ajuda; recursos — embora intermitentes na melhor das hipóteses; e sorte — todos os meus protagonistas insistem no papel do acaso. Não há sentimentalismo, e não há a pretensão de que se possa resgatar um tributo ao espírito humano.

Algumas reflexões sobre autobiografia são necessárias, e também dizem respeito a diários e ficções autobiográficas. Um leitor pode facilmente perguntar-se: "Não é tudo ficção?" Como forma de estabelecer uma fronteira entre os discursos fatuais e ficcionais, Philippe Lejeune, ilustre crítico literário, propôs a noção de um pacto autobiográfico, uma forma de contrato entre autor e leitor em que o autobiógrafo se compromete a um esforço sincero para se reconciliar consigo mesmo e compreender a própria vida. Lejeune concebeu esse compromisso não como algo a ser encontrado na psique de um autor, mas como algo a ser encontrado no texto.[3] Na mesma linha, Clifford Geertz, o antropólogo mais proeminente de sua geração, chamou atenção para a questão de como os etnógrafos convencem os leitores de que "o que eles dizem é resultado de **terem realmente vivenciado** [...] outra forma de vida; de terem, de um jeito ou de outro, realmente 'estado lá'". Como Geertz expressou, para que um etnógrafo seja uma "testemunha de Jeová convincente", ele deve ser um "eu" convincente, ou seja, o relato torna-se confiável porque o autor/ narrador torna-se confiável. E, mais uma vez, a questão não é psicológica; é literária.[4]

O que me leva a outro ponto. As pessoas estão predispostas a elogiar livros de sobreviventes do Holocausto — realmente, todo registro dessa terrível experiência tem valor. No entanto, o fato é que a qualidade da escrita importa. Testemunhas, sobreviventes e ótimos escritores. Essa é a rara combinação que diferencia meus protagonistas. Por isso fiz um uso extensivo da citação: o leitor precisa ler muito dos autores selecionados para sentir de verdade o distinto sabor de sua prosa.

Finalmente, o que estou esperando, desejando, do leitor? Alguma familiaridade com os escritores entrevistados? Não. Certo conhecimento geral e interesse pelo Holocausto? Sim. O Holocausto envolveu milhões de pessoas, mas foi, como observou Kluger, "uma experiência única para cada uma delas". Todos os protagonistas deste estudo teriam concordado com Kluger quando ela aconselhou seus leitores a escutá-la, absorver sua história como ela a conta e "lembrar-se dela".[5]

1

"Tudo o que eu considerava não alemão... floresce aqui": Victor Klemperer

Em 1995, a Aufbau-Verlag, uma editora da Alemanha Oriental que passava por dificuldades, publicou o diário de Victor Klemperer sobre o período nazista, que durou de 1933 a 1945. A essa altura, Klemperer já estava morto há 25 anos. Após sua morte, sua segunda esposa e viúva havia depositado o manuscrito no Arquivo do Estado Saxão. Na década de 1980, juntamente com uma ex-aluna do marido, ela começou a decifrar e transcrever o texto original de aproximadamente 5 mil páginas. Quando a versão editada finalmente foi lançada na Alemanha, foi um sucesso. Apesar do seu tamanho formidável — quase 1.700 páginas — e do seu preço elevado — 98 marcos alemães —, no ano seguinte à sua publicação o livro vendeu 125 mil cópias em capa dura e permaneceu nas listas dos livros mais vendidos do país durante quarenta semanas.[1]

Em 1998-9 surgiu uma tradução da obra condensada em dois volumes, que teve uma resposta especialmente calorosa. Como comentou Peter Gay, "Ler o relato quase cotidiano de Klemperer é uma experiência hipnótica; o livro, difícil de se pôr de lado, é um verdadeiro suspense policial — da perspectiva da vítima". Gay continuou, e este item ele destacou: "A verdadeira surpresa" do diário é "o número de 'bons alemães' a quem ele [Klemperer] dá um destaque honorável." O número é "surpreendentemente grande". Na experiência de Klemperer, os episódios de mesquinhez e covardia são superados por momentos de decência. Tais casos, "literalmente dezenas de pedras preciosas", refutam cumulativamente "a tese de Daniel Goldhagen de que os alemães, como povo, estavam infectados com o 'antissemitismo eliminatório'".[2] Com um raciocínio semelhante, Gordon Craig afirmou: "Encontramos aqui muito material que indica como a propaganda nazista falhou em convencer alemães comuns de que os judeus eram a fonte de todos os seus problemas."[3] Omer Bartov discordou: "O argumento apresentado por muitos revisores alemães e americanos dos diários de Klemperer, segundo o qual a sociedade alemã não se voltou [...] contra os judeus, é [...] baseado em uma leitura altamente seletiva do texto."[4] Altamente seletiva... e tendenciosa. Em outras palavras, com base apenas nesses volumes, não podemos nos pronunciar dogmaticamente sobre o antissemitismo dos alemães comuns.

Nascido em 1881 em Landsberg, no rio Varta, então na parte oriental da província prussiana de Brandenburg (atualmente, a cidade de Gorzów Wielkopolski, na Polônia), Klemperer era o nono e mais jovem filho de um rabino reformista. Quando tinha nove anos, seu pai, depois de uma infeliz passagem pela congregação ortodoxa de Bromberg (hoje Bydgoszcz), foi nomeado segundo pregador da Congregação Reformista de Berlim — na linguagem assimilacionista da época, seu pai foi chamado de *landprediger* (pregador rural). A disciplina na sinagoga reformista era extremamente liberal: os cultos eram realizados aos domingos e quase inteiramente em alemão; as cabeças não precisavam ser cobertas e homens e mulheres sentavam-se juntos; não havia restrições ao Shabat nem dietas obrigatórias; e em vez de um *bar mitzvah*, meninos e meninas, aos quinze ou dezesseis anos, eram confirmados juntos no domingo de Páscoa. "A sinagoga reformista pode ser considerada uma espécie de casa de passagem para a conversão ao protestantismo." Os três irmãos mais velhos de Klemperer se converteram (suas irmãs não); de fato, eles pareciam estar "fazendo todo o possível para negar suas origens judaicas".[5] Eles pediram a Klemperer que fizesse o mesmo e, em 1903, ele seguiu o conselho.

Os irmãos de Klemperer foram uma grande provação para ele. Georg, o mais velho e com dezesseis anos a mais que Klemperer, era a estrela da família. Quando tinha apenas trinta anos, ele já estava a caminho de uma carreira brilhante como médico. (No início da década de 1920, as autoridades soviéticas chamaram-no para tratar Lênin.) Os outros dois irmãos também se destacaram, Felix também como médico e Berthold como advogado. Nenhum deles vivenciou o Terceiro Reich na Alemanha. Em 1933, Felix e Berthold estavam mortos, e em 1935 Georg imigrou para os Estados Unidos. Klemperer nunca parou de sentir que Georg manteve contato — e o ajudou financeiramente — apenas pelo senso de obrigação de cuidar de um irmão, apesar de considerar Victor uma espécie de diletante.

E com razão. Em duas ocasiões Klemperer interrompeu seu trabalho acadêmico: na primeira vez, para se tornar aprendiz em uma empresa comercial, uma experiência malsucedida; e na segunda, para se tornar escritor e jornalista *freelancer*, e dessa vez ele teve um pouco de sucesso. Mas não o suficiente, e não o suficiente para viver daquilo. George e Berthold o incentivaram e ofereceram ajuda financeira para completar os estudos de doutorado. Eles deixaram claro que preferiam muito mais ter um professor a um jornalista na família.[6] Klemperer consentiu e conseguiu o diploma em 1913.

A carreira de Klemperer como professor — em 1920, ele foi nomeado para uma cadeira de literatura romântica na Universidade Técnica de Dresden — lhe trouxe independência financeira, mas pouca glória. Na década de 1920, ele fez esforços repetidos, e infrutíferos, para conseguir um cargo em uma universidade adequada, mais antiga e mais prestigiosa. Seu tipo de conhecimento teve um papel importante: seus livros sobre prosa e poesia francesa moderna, sua história da literatura francesa desde Napoleão até o presente, seu estudo de Montesquieu e sua biografia de

Corneille eram marcados pela lucidez, e não pela originalidade. O antissemitismo também teve um papel importante: ser judeu ou ex-judeu ainda era uma desvantagem na academia de Weimar, na Alemanha.

Em 7 de abril de 1933 — menos de três meses depois de Hitler chegar ao poder —, quando a Lei para a Restauração do Serviço Público Profissional entrou em vigor, Klemperer se viu em uma situação de risco. O parágrafo três estipulava que os funcionários públicos de origem não ariana se aposentassem, e a conversão de Klemperer ao protestantismo não o tinha transformado em um ariano. O que o salvou em 1933 foi o seu serviço de guerra (Klemperer foi chamado em 1915 e passou cinco meses na frente ocidental). Em seu diário, ele falou sobre o alívio que sentiu: "Este sentimento horrível de 'Graças a Deus, estou vivo'. A nova 'lei' da Função Pública permite que, como veterano do front, eu continue no meu cargo, pelo menos por enquanto [...] Mas cercado por confusão, miséria, medo e tremores."[7]

Acima de tudo, Klemperer devia sua sobrevivência à primeira esposa, Eva, pianista e musicóloga. Eles se casaram em 1906, e Eva morreu em 1951. Ela era, no jargão nazista, uma "ariana de sangue puro", e sua "pureza racial" isentava o marido da deportação para o leste e da morte quase certa. (Em 1933, na cidade e no distrito de Dresden, o número daqueles que se registravam como judeus por confissão era de 4.675. No início de fevereiro de 1945, restavam apenas 198, um número que agora incluía Klemperer.[8]) Na dedicatória do *LTI* (*Lingua tertii imperii*), sua análise filológica de como os nazistas corromperam a língua alemã e, ao fazê-lo, corromperam o pensamento alemão, Klemperer expressou sua gratidão a Eva: "Se não fosse por você, este livro não existiria hoje, e seu autor também teria deixado de existir há muito tempo." No primeiro capítulo, ele elaborou:

> Eu sei [...] de [um] tipo de heroísmo [...] que é completamente privado de fazer parte de um exército ou de um grupo político, da esperança de glória futura, um heroísmo que foi deixado para se defender inteiramente por si mesmo. O heroísmo das poucas esposas arianas (não eram muitas) que resistiram a todas as pressões para se separarem de seus maridos judeus. E imagine como era o cotidiano dessas mulheres! Que insultos, ameaças,

golpes [...] elas suportaram [...] Que vontade de viver tiveram que reunir quando adoeceram de toda a humilhação e miséria excruciantes [...] Elas sabiam que suas mortes seriam inevitavelmente seguidas pelas dos seus maridos judeus, porque eles seriam [imediatamente] transportados.[9]

O ato heroico de Klemperer foi manter um diário. Foi "dar testemunho", "dar um testemunho preciso!". Depois de uma busca domiciliar feita pela Gestapo, Klemperer "descobriu [que] vários livros [...] tinham sido retirados da prateleira e deixados na mesa. Se um deles tivesse sido o *Dicionário grego*, se as páginas do manuscrito tivessem caído e levantado suspeitas, teria sem dúvida significado" a sua morte.[10] Por volta de 1942, Eva levava periodicamente páginas do diário a um amigo dedicado, em Pirna.[11]

Se realizar um registro expôs Klemperer — e outros — a um grave perigo, acabou também o colocando em uma posição estável.

> Nesses anos o meu diário era como uma muleta, sem a qual eu teria caído cem vezes. Em tempos de repugnância e desânimo, [...] à cabeceira dos doentes e dos moribundos, à beira da sepultura, em momentos em que eu mesmo estava em apuros, em momentos de absoluta ignomínia [...] — em todos esses momentos fui invariavelmente auxiliado pela exigência que tinha feito a mim mesmo: observar, estudar e memorizar o que estava acontecendo.[12]

Os leitores do diário já conhecem o resultado, conhecem as atrocidades cometidas pelo regime nazista, pelo menos de um modo geral. Mas vê-los através dos olhos de alguém que estava lutando para resolver e enfrentar a realidade da situação faz com que esses horrores nos toquem de uma forma particularmente comovente.

"COMO SOU COMPLETAMENTE SEM-TETO"

Neste momento, em 1º de outubro de 1934, mudando para a nossa própria casa, quaisquer que fossem as circunstâncias, quaisquer que fossem os meus sentimentos, por mais diferentes que fossem do que eu imaginava, por mais amargas que fossem as memórias e por maiores que fossem as preocupações — um dia eu começaria minhas memórias. Se me restasse tempo para elas.[13]

Enquanto os judeus estavam saindo da Alemanha ou começando a pensar em deixar a Alemanha, Klemperer estava cavando, literalmente.[14]

Em julho de 1932, como presente de aniversário para Eva, ele havia comprado um terreno em Dölzschen, um vilarejo nos arredores de Dresden. Eva o havia culpado — em momentos de grande angústia — "por sua vida arruinada [...] porque contra seus desejos urgentes, seu melhor julgamento, seus cálculos e planos de construção", ele havia "hesitado em realizar a obra". Ele reconheceu a validade de suas queixas: ele tinha resistido no início. "O fardo e o compromisso pareciam grandes demais", e a sua "inexperiência em assuntos de construção, perigosa demais". Então, ele se forçou a agir com entusiasmo, "como se acreditasse na construção da casa" — e gradualmente, pouco a pouco, ele realmente acreditou.[15]

As finanças eram um problema crônico. O esforço inicial de Klemperer para garantir fundos para a construção falhou. Pior que isso, o homem a quem ele pagou para localizar um credor fugiu com a comissão do intermediário. (O dinheiro da hipoteca não era levantado por meio de um banco. Era geralmente uma transação confidencial, isto é, Klemperer precisou rastrear alguém disposto a emprestá-lo a uma taxa de juros fixa por um prazo fixo.) Inesperadamente, ele encontrou uma solução — e aqui está a "maior ironia" — graças a uma lei nazista que obrigava os alemães a venderem seus ativos estrangeiros, com o governo então tomando a moeda estrangeira e pagando em Reichsmarks. Uma conhecida — alguém que Eva conhecia bem o suficiente para mostrar o terreno e explicar seus problemas financeiros — tinha uma propriedade na Inglaterra que precisava ser vendida. Ela queria investir os fundos repatriados e ofereceu um empréstimo a Klemperer. Uma seção inteira da casa podia agora ser construída. Uma dificuldade adicional e "divertida": os regulamentos de construção do Terceiro Reich exigiam casas "alemãs", e os telhados planos eram "não alemães". "Felizmente, Eva rapidamente descobriu que podia gostar de um telhado duas águas, por isso a casa" foi completada com um "duas águas alemão".[16]

Acontece que o telhado duas águas alemão aumentou o custo, e a casa induziu gastos contínuos. Quando Klemperer conseguiu algum dinheiro graças a um empréstimo sem juros de Georg, gastou uma boa parte na expansão da residência. "A pequena casa", escreveu Klemperer em setembro de 1935, "é agora uma casa própria, de fato uma *villa*". Ainda assim, Klemperer continuou a construir. Seu próximo projeto, empreendido em 1936 e pago com retiradas de seu seguro de vida, era uma garagem. Aquilo lhe causou "preocupação sem fim, problemas e aborrecimento". "Há algumas semanas, o barracão habitual com um telhado plano foi concluído [...] mas *eu* não tinha autorização para construí-lo. *Neste* ano não pode haver mais *desfiguração*; eles estão exigindo um telhado decorativo pontiagudo, que nos tiraria espaço e vista. Na repartição distrital, eu disse ao funcionário: 'Não estou desfigurando nada. Então simplesmente não haverá construção nem trabalho.' [...] No dia seguinte, o mestre pedreiro e o carpinteiro foram falar com o presidente da câmara e lhe pediram [que reconsiderasse] para poupar seu trabalho. Ele deu uma mensagem para repassarem a mim: Eu não pareço saber como as coisas funcionam, eu sou um convidado aqui, e ele estava pensando em me colocar sob custódia por uma noite [...] Todo o negócio com o carro parece ainda mais absurdo."[17]

Klemperer tinha embarcado nesse projeto, ou melhor, se comprometido a ter aulas de direção em um breve momento de "espírito elevado". Em janeiro de 1936, depois de dois cursos, ele passou no teste. "Este negócio", comentou ele, "é realmente uma vitória contra a minha natureza." Aulas de direção, comprar um carro usado e construir a garagem eram todas "ações desesperadas, apropriadas aos tempos". O carro acabou sendo outra fonte de "preocupação sem fim, problemas e aborrecimentos" — e despesas. Ele "manda em mim", reclamou Klemperer. Ele "nunca funciona corretamente, algo está sempre falhando; eu perdi toda a confiança nele, [e] nos mecânicos [...] Sempre sou assegurado de [...] que tudo está em perfeito estado de funcionamento, e ainda assim algo dá errado toda vez que dirijo. Bomba de combustível, motor de arranque, bateria, freio". Depois havia o problema da sua "direção horrível". A coisa mais difícil era entrar e sair da própria propriedade. Ele amassou repetidamente os paralamas e danificou o portão e a parede do pequeno jardim. "Era preciso perseverar", ele disse a si mesmo; "talvez o prazer" ainda "estivesse por vir."[18]

E veio mesmo. Mas a situação financeira apertada, "muitas vezes até o ponto de desespero", fez com que ele mantivesse o carro na garagem por mais tempo do que gostaria. (No final de 1936, ele foi "salvo do pior [...] por um inesperado e verdadeiramente emocionante presente [...] de Georg". Nos anos seguintes, ele recebeu outros presentes — não mais inesperados.) Em uma "viagem muito curta, por razões de economia", ele e Eva acabaram, por acaso, "na nova *autobahn* do Reich, de Wilsdruff a Dresden, menos de uma hora depois de que havia sido inaugurada. Ainda havia bandeiras e flores da cerimônia, [...] um aglomerado de carros movia-se lentamente para a frente, a um ritmo turístico [...] Essa estrada reta composta por quatro pistas largas, cada faixa separada por um trecho de grama, é magnífica. Havia passarelas para as pessoas a atravessarem. Os espectadores lotaram essas pontes e os lados da estrada. Uma procissão. E uma vista gloriosa para o Elba e para as colinas de Lössnitz". Eles dirigiram "todo o trecho e voltaram", e duas vezes Klemperer "arriscou uma velocidade de oitenta quilômetros por hora".[19] Nessa excursão — e em outras também — ele se deleitou.

As excursões e a direção terminaram abruptamente após a Noite dos Cristais, o *pogrom* nacional que aconteceu de 9 a 10 de novembro de 1938.

> O saudável senso de justiça de cada alemão [...] ([uma] frase cada vez mais frequente [...] sempre usada quando se inicia uma nova atrocidade) [...] manifestou-se ontem num decreto do Ministro do Interior [Heinrich] Himmler, com efeito imediato: retirada da carteira de habilitação de todos os judeus. Justificativa: Por causa do assassinato do diplomata alemão Ernst vom Rath por Grünspan [Herschel Grynszpan havia disparado contra o diplomata alemão Ernst vom Rath], os judeus não

são confiáveis, e não podem, portanto, sentar-se ao volante; permitir que eles dirijam é algo que ofende a comunidade do trânsito alemão, especialmente porque eles fizeram uso presunçoso das rodovias do Reich construídas pelas mãos dos trabalhadores alemães. Essa proibição nos atinge terrivelmente.

E foi-se embora seu "restinho de liberdade".[20]

***

Em 30 de abril de 1935, Klemperer recebeu um aviso prévio de demissão pelo correio. Lia-se: "Com base no ponto 6 da Lei para a Restauração da Função Pública Profissional, recomendei [...] a sua demissão. Aviso de demissão em anexo." Assinado: Martin Mutschmann, Gauleiter da Saxônia. (Note-se que Klemperer não foi dispensado em virtude do §3º, o chamado parágrafo ariano.) Klemperer sabia que o seu número decrescente de alunos já o tinha tornado vulnerável há muito tempo. Em novembro de 1933, ele escreveu: "Na primeira palestra de segunda-feira, Renascença Francesa, cinco pessoas; para os exercícios, poesia lírica renascentista, quatro; hoje, em Corneille, duas [...] Devo agora contar seriamente com a retirada da minha cadeira." Então ele foi forçado à aposentadoria, não como um judeu, mas como uma pessoa "supérflua".[21] (Ele recebeu uma pensão de cerca de 60% do seu salário, embora ao longo do tempo o regime tenha decretado várias deduções engenhosas. Em novembro de 1943, os pagamentos das pensões cessaram completamente.)

Como Klemperer colocou em seu *LTI*, após sua demissão, ele mergulhou no trabalho acadêmico.

> No início, quando ainda não sofria perseguição, ou no máximo uma forma muito branda de perseguição [...] eu me enterrei na minha profissão, dei minhas palestras e ignorei desesperadamente as lacunas cada vez maiores nas fileiras de assentos à minha frente; eu coloquei todas as minhas energias na literatura francesa do século XVIII [...] Quando

perdi meu cargo e já não tinha mais o meu púlpito para me apoiar, a minha reação inicial foi tentar me isolar completamente do presente. Aqueles pensadores do Iluminismo completamente ultrapassados, há muito desprezados por qualquer pessoa que se julgasse importante, sempre foram os meus favoritos: Voltaire, Montesquieu e Diderot. Podia agora dedicar todo o meu tempo e toda a minha energia à minha obra, que já estava bastante avançada; no que diz respeito ao século XVIII, eu estava confortável no Palácio Japonês de Dresden; nenhuma biblioteca alemã, e talvez nem sequer a Biblioteca Nacional de Paris, poderia me servir melhor.[22]

Mas então, em dezembro de 1938, pouco depois da Noite dos Cristais, veio a proibição do uso da biblioteca — a sala de leitura estava fechada para ele há mais de dois anos — "puxando", escreveu ele, "o trabalho da minha vida para longe de mim".[23]

***

A Noite dos Cristais. Klemperer não viu necessidade de "descrever os acontecimentos históricos, [...] os atos de violência [...] só o imediatamente pessoal e o que nos afetou concretamente." Então ele se esforçou para registrar a busca domiciliar a que ele e Eva tinham sido submetidos.

Na manhã de [...] 11 de novembro, dois policiais acompanhados de um "residente de Dölzschen". Se eu tinha alguma arma? Certamente o meu sabre, talvez até a minha baioneta, guardada como recordação de guerra, mas não sei onde estão. Precisamos ajudá-los a encontrá-las [...] No início, Eva cometeu o erro de dizer inocentemente a um dos policiais que ele não deveria revistar o armário de roupas limpas sem primeiro lavar as mãos. O homem, consideravelmente ofendido, dificilmente poderia ser acalmado. Um segundo policial, mais jovem, era mais amigável; o civil era o pior [...] Eles vasculharam tudo, baús e móveis de madeira que Eva tinha feito foram quebrados com um machado. Acharam o sabre numa mala no sótão, mas não encontraram a baioneta [...] Por volta de uma da tarde, o civil e o policial mais velho deixaram a casa, e o mais novo ficou [...] [Ele ordenou:] "Você precisa se vestir e vir ao tribunal em Münchner Platz comigo." [...] Fui autorizado a me barbear (com a porta entreaberta), deixei um pouco de dinheiro com Eva, e fomos até o bonde [...]; o policial gentilmente encobriu o fato de que eu estava sendo preso. Uma ala do edifício do tribunal: Promotor Público. Uma sala com funcionários e policiais. Sente-se... Sentei-me ali... À espera. Depois de um tempo, apareceu um jovem com o distintivo do partido, evidentemente o juiz de instrução. Você é o prof. Klemperer? Pode ir. Mas antes um certificado de liberação precisa ser assinado, caso contrário a polícia [...] vai pensar que você escapou e vai prendê-lo novamente [...] Às quatro da tarde eu estava na rua [...] com um sentimento curioso de liberdade, mas por quanto tempo?

A resposta inicial de Klemperer à sua detenção foi enviar um sos urgente a Georg, então estabelecido nos Estados Unidos. A curta carta começa assim: "Com o coração pesado, em uma situação bastante delicada, pressionado até o limite, sem detalhes: você pode assumir fiança por mim e pela minha esposa, você pode ajudar a nós dois durante alguns meses?"[24]

Georg respondeu com um telegrama imediatamente: "fiança garantida." Klemperer foi prontamente ao consulado americano — um primeiro passo necessário no complexo processo de emigração. Ele reportou ao irmão: "Escritórios grandes, elegantemente mobiliados [...] Depois uma conversa com um cavalheiro mais novo de cabelo preto. Aperto de mão, cortesia. Ele não falava uma palavra de alemão, e chamou um loiro dr. Dietrich (apresentação, aperto de mão) para ser o intérprete; em seguida, descobri que o cônsul falava italiano [Klemperer também], então havia uma curiosa mistura de línguas. Resultado: zero esperança, nem sequer é possível registrar-me como professor, porque para isso eu teria que ter sido despedido há dois anos, no máximo, mas não há tanto tempo como em 1935. Contei a história do meu saber etc." Três meses depois, ele e Eva receberam do consulado americano em Berlim os números da lista de espera: 56.429 e 56.430.[25]

No início de 1939, Klemperer chegou à conclusão de que a chance de conseguir os vistos americanos era zero. Em 1941, quando havia uma possibilidade de que seu número e o de Eva pudessem ser alcançados no decorrer do ano, toda a sua dúvida — na verdade, aversão à saída da Alemanha — ressurgiu: "Temo a ideia dos Estados Unidos. Depender de Georg e de seus filhos, sem saber a língua, aos sessenta anos." Foi quase com alívio que ele relatou, em julho, que novos regulamentos tornavam o seu pedido de visto inválido: "O novo procedimento significa que será impossível ir embora em um futuro próximo [...] Toda a indecisão está chegando ao fim. O destino decidirá."[26]

Essa invocação do destino era um lugar-comum para ele. Andava de mãos dadas com a relutância de Klemperer, com a sua resistência e com a própria ideia de emigração. Quando tal pensamento o invadiu, ele rapidamente mobilizou duas considerações para bani-lo novamente: primeiro, a sua inadequação profissional. Em 1933, quando seus amigos começaram a ir embora, ele se sentiu "completamente inútil [...] uma criatura refinada demais". Seus amigos, ele lamentou, poderiam "ganhar a vida aqui e ali", poderiam "de alguma forma migrar para coisas práticas [...] Nem sequer posso ser professor de línguas [...] Só dou sermões sobre a história das ideias, e só em alemão". Segundo, Eva. Em 1935, depois de ter sido demitido de seu cargo acadêmico, Klemperer dedicou-se a escrever uma enxurrada de cartas. Para que ele refletiu tanto? "Recentemente, Eva tem sofrido bastante — por causa de um tratamento dentário repetitivo, de uma inflamação da raiz, de tensão nervosa geral —, e, de acordo com ela [...] seria uma prisioneira em qualquer pensão ou apartamento da cidade." Em 1941, quando pensava em tentar acelerar a emigração, ele teve uma "longa e dolorosa conversa" com sua mulher. "Ela disse que lá só poderia passear e ir ao cinema, nada mais. *Aqui*, pelo menos, podia manter alguma esperança [...] Não faremos nada para acelerar o processo e continuaremos esperando tão 'obstinadamente' quanto antes."[27]

A essa altura, o casal já não estava na própria casa. Em maio de 1940, oito meses após o início da Segunda Guerra Mundial, quando o exército alemão invadia a França, os Klemperer foram forçados a se mudar para uma casa de judeus — a primeira das três em que viveram antes do bombardeio de Dresden. Eles foram obrigados a alugar sua casa para um vendedor que montou uma loja na sala de música. Nos quatro anos seguintes, a família foi cobrada por todo o tipo de alterações e reparações: o telhado, por exemplo, para combinar com os demais. Não era suficiente que fosse um telhado duas águas, tinha que ser coberto com "telhas vermelhas ou ardósia que imitasse o vermelho" em vez de uma placa de piche. Os escombros resultantes da remodelação feita pelo vendedor precisavam ser removidos, e Klemperer teve que pagar por eles. A casa inteira e a grande varanda tiveram que ser pintadas e completamente renovadas para evitar que fossem arruinadas. Mas quando o vendedor, que inicialmente parecia um "homem muito decente, [...] soldado e oficial não comissionado na Guerra Mundial", posteriormente um "oficial nazista político", tentou comprar a casa, Klemperer recusou a oferta e conseguiu juntar os fundos para fazer a sua recusa valer.[28]

***

A Palestina nunca figurou nas tentativas hesitantes de emigração de Klemperer. Em julho de 1933, ele relatou: "Ouvimos falar muito da Palestina agora, mas ela não nos agrada. Quem vai para lá troca nacionalismo e limitação por nacionalismo e limitação." Klemperer era antissionista com orgulho. "Para mim, os sionistas que querem voltar ao estado judaico de 70 d.C. (destruição de Jerusalém por Tito) são tão perigosos quanto os nazistas. Com sua busca por sangue, suas 'raízes culturais' antigas [...] Eles são um par perfeito para os nacional-socialistas." Isso foi em 1934. No final de 1939, antecipando sua mudança para uma casa de judeus, ele observou que "as comunidades judaicas na Alemanha de hoje" estavam agora "todas extremamente inclinadas ao sionismo". De acordo com ele: "Vou concordar com isso tanto quanto concordo com o nacional-socialismo [...] Serei liberal e alemão *para sempre*."[29]

A comparação de Klemperer do sionismo com o nazismo não persistiu. (Como poderia, quando ele começou a descobrir o projeto de extermínio de Hitler?) Seu compromisso com a "germanidade", sim, e isso o afligiu várias e várias vezes. Poucas semanas depois de Hitler assumir a chancelaria, Klemperer comentou: "Tudo o que eu considerava não alemão, a brutalidade, a injustiça, a hipocrisia, a manipulação das massas até ao ponto de intoxicação, tudo isso floresce aqui." Um ano mais tarde, acrescentou: "O mais terrível é que uma nação europeia se entregou a um bando de lunáticos e criminosos e ainda por cima os aplaude." Durante todo esse período, ele continuou a fazer uma pergunta dolorosa: "A Alemanha realmente se tornou tão [...] fundamentalmente diferente, a sua alma mudou tão completamente, que isto vai persistir?" O fato é que, escreveu ele no fim de 1936, "o nazista, em parte, não é estranho ao povo, e em parte está poluindo gradualmente a parte saudável da população".[30] Meses antes da Noite dos Cristais, meses antes de "Hitler, Göring e seus seguidores destruírem completamente qualquer possibilidade que restasse para a vida judaica na Alemanha ou para a vida dos judeus na Alemanha"[31], Klemperer já havia expressado sua angústia: "Quão profundamente as atitudes de Hitler estão enraizadas no povo alemão, quão bons foram os preparativos para sua doutrina ariana, quão inacreditavelmente eu me enganei durante toda minha vida, quando imaginei que pertencia à Alemanha, e como sou completamente sem-teto".[32]

No entanto, ele ainda conseguia se apegar à sua noção de germanidade enraizada, paradoxalmente, no Iluminismo francês: "Ninguém pode tirar a minha germanidade de mim, mas o meu nacionalismo e patriotismo desapareceram para sempre. O meu pensamento é agora completamente cosmopolita voltaireano [...] Voltaire e Montesquieu são mais do que nunca os meus guias essenciais."[33]

"O ASSASSINATO... NOS PERSEGUE"

Na manhã de 16 de maio de 1940, os Klemperer se mudaram para a casa dos judeus no número 15b da Caspar-David-Friedrich-Strasse. "Uma vila bonita, muito apertada, muito moderna, cheia de gente com o mesmo destino." Dois quartos tinham sido atribuídos a ele e a Eva. "Caos emaranhado em ambos... Ainda é impossível saber se uma existência tolerável pode ser estabelecida aqui." Em setembro de 1942, quando foi forçado a se mudar novamente, jurou: "Se depender de mim, a casa dos judeus no número 15b da Caspar-David-Friedrich-Strasse, e as suas muitas vítimas, serão famosas."[34]

Do começo ao fim, Klemperer queixou-se da perda de tempo, uma perda causada pela "interferência constante e agitada" de seus colegas de casa. (Incapaz de continuar sua pesquisa e escrita sobre o século XVIII, ele redigia suas memórias, estudava a linguagem do Terceiro Reich e, é claro, escrevia em seu diário.) Frau Kätchen Voss foi classificada como a pessoa mais ranzinza da casa. Com cinquenta e tantos anos, ela era a "viúva não ariana rica do diretor ariano do Instituto de Seguros Públicos dos Bancos de Poupança Saxões (e antigo sacerdote católico)". Uma "mulher um tanto infantil, pouco educada, e um pouco mesquinha, burguesa, bondosa, prestativa", ela também "precisava muito de companhia, [e era] tremendamente tagarela". Desde a manhã até a meia-noite, ela estava à mão, ou melhor, no pé. "De manhã cedo ela já está sentada ao lado da cama de Eva, está lá em todas as refeições, nunca para de falar." Mas, apesar de toda a sua tagarelice, Klemperer a considerava uma informante útil, especialmente depois que ela começou a trabalhar na fábrica Zeiss Ikon no fim de 1941. (Ela estava fazendo trabalho "'voluntário', porque isso supostamente fornece proteção contra deportação" — não forneceu — "e também voluntário sem aspas, porque aquilo é como uma ponte, todos os seus amigos homens e mulheres trabalham lá"). Em Zeiss Ikon, Klemperer comentou, "eles sempre sabem de tudo, e às vezes é até verdade".[35]

A sra. Voss era colocatária de Klemperer e vivia no mesmo andar que ele. O proprietário, Ernst Kreidl, e sua esposa ariana, Elsa, ocupavam o andar de cima. Kreidl era "um homem amigável (com mais de sessenta anos) e bom contador de histórias; ela, (muito mais nova)" era desagradável e "estava amargurada por estar presa a um judeu *schlamassel*". Com Kreidl, Klemperer conversou sobre a situação política, sobre a guerra, sobre quanto tempo duraria o regime nazista, e sobre qual seria o destino dos judeus. Como Klemperer, Kreidl foi devastado pelo decreto de setembro de 1941 que ordenava que todos os judeus usassem uma estrela amarela. Durante quase dois meses, ele recusou-se a sair de casa, e então foi "convocado pela Gestapo 'para um interrogatório'", do qual não regressou. [...] Estava sob custódia por motivos políticos. Ninguém soube de mais nada." Klemperer contava as semanas e ainda não havia mais informações. Depois de cinco meses nas celas da polícia de Dresden, Kreidl, descobriu Klemperer, havia sido enviado para Buchenwald. Duas semanas depois, Klemperer ouviu "choro e grito acima [...] de nós. Suposição imediata: Elsa Kreidl recebeu a notícia da morte do marido no campo de concentração. O fato de nós e Käthchen [Frau Voss] termos pensado nisso imediatamente e considerado a hipótese como quase certa é a coisa mais característica da nossa situação".[36]

Em fevereiro de 1942, Frau Julia Pick mudou-se para o andar de baixo. "Uma lady (realmente uma lady) de 76 anos", escreveu Klemperer, "que costumava ser rica" (seu falecido marido era dono de algum tipo de fábrica de malte muito grande), "agora empobrecida, com família no exterior. Com um vigor fora do comum e cheia das alegrias da vida (muito austríaca), o seu comportamento era ao mesmo tempo sincero e digno. Ela acariciou a minha mão: 'Você podia ser meu filho. No meu tempo, as meninas se casavam aos dezesseis anos.'" O afeto e o respeito eram mútuos. Após uma busca domiciliar da Gestapo — a quarta em duas semanas —, Klemperer relatou o que tinha acontecido com ela:

> Ela foi [...] terrivelmente espancada, jogada para lá e para cá. "Seu marido tinha a fábrica de malte. O sanguessuga! O seu *lixo* está no exterior espalhando ódio contra nós, mas temos você, e não deixaremos que escape. Amanhã você estará na Gestapo às sete da manhã, você vai sozinha, qualquer um que a acompanhe vai direto para um campo de concentração". Frau Pick disse que era fisicamente incapaz de percorrer todo esse caminho para ser maltratada novamente, ela tinha tido uma boa vida, que agora tinha acabado [...] Estávamos seriamente preocu-

pados com ela. Às nove, ela subiu as escadas para nos ver, trouxe 55 marcos, umas joias e umas coisinhas, devíamos ficar com tudo se ela fosse presa no dia seguinte. Pouco antes das dez, eu desci para falar com ela novamente, ela estava sentada em silêncio em sua poltrona de couro, embaixo de um cobertor, muito calma, mas muito pálida, e havia um tremor constante em seus olhos. Eu disse: "Não vamos fingir; você quer se matar. Pense em seus filhos, pense que onde há vida, há esperança, que a causa dos nazistas *não tem* esperança, permaneça corajosa [...]" etc etc. Tentei dar-lhe forças de todas as formas possíveis, como uma forma de pedido a ela. Eu disse: "Prometa-me que você não se machucará."
— "Não posso prometer isso, vou considerar as coisas mais uma vez."

Na manhã seguinte, depois de observar a sra. Pick — "a mulher parecia estar dormindo calmamente, mas sua respiração estava muito fraca" — Klemperer atravessou a rua e telefonou para a assistência médica.

Quando a enfermeira chegou, uma mulher calma e madura, Frau Pick ainda estava inconsciente, mas sua respiração estava melhor, e ela também se movia ocasionalmente. Não parecia ser um envenenamento grave [...] Vi e ouvi sinais de que Frau Pick estava gradualmente voltando a si. Angustiante [...] como, indefesa e estupefata, ela foi colocada sobre um penico, como as coxas nuas eram ossos amarelos com um pouco de preenchimento, como o penico se partiu por descuido... Senti horror.

Alguns meses depois, Klemperer anotou: "Frau Pick tentou suicídio uma segunda vez, e teve sucesso." O nome dela estava na lista dos que seriam deportados para Theresienstadt.

Eva foi a primeira a descer as escadas, às sete, e então me disse que desta vez era mais sério, ela estava gemendo alto. Eu estava lá embaixo quinze minutos depois, quando não havia mais som, a boca aberta, um olho aberto, obviamente morta [...] Para cada grupo deportado, os substitutos são listados com antecedência. A Gestapo tem certeza de que vários suicídios ocorrerão. Organização alemã.[37]

A organização alemã tinha esvaziado a casa da Caspar-David-Friedrich-Strasse: "*la maison juive morte*" — a maioria dos habitantes tinha desaparecido, estavam mortos.[38]

***

Em 1º de setembro de 1942, Klemperer observou que "os problemas e as tribulações da mudança" para o número dois da Lothringer Weg tinham começado. No fim do mês, ele se sentia mais ou menos estabelecido. "No geral", julgou que seu "novo alojamento" era "preferível" ao antigo. O estilo e a "elegância pesada e sólida do grande burguês" combinavam mais com o seu gosto. E a cozinha comum, na adega, era "tão grande que ninguém incomoda ninguém [...] Mais uma coisa: ninguém na casa debocha quando eu participo das tarefas domésticas. Isso é normal aqui, e é dado como certo que todos realizam algum tipo de trabalho. Todos os dias experimento novamente a sensação de alívio de não ter que ouvir a tagarelice de [Frau Voss] Kätchen enquanto estou lavando a louça. Admito, porém, que não teria adquirido um conhecimento tão preciso dos destinos dos judeus nessa segunda casa."[39] (Ele ficou sabendo sobre o destino de Kätchen: no fim de 1942, ela foi obrigada a mudar-se para as novas casernas construídas em Hellerberg, e de lá foi deportada. Klemperer não parecia saber que o seu destino final fora Auschwitz.)

Em abril do ano seguinte, ele elaborou um balanço patrimonial, ainda que provisório. "Sinto a minha prisão [...] profundamente. Tornou-se cada vez mais limitadora a cada ano [...] Hoje não tenho [...] autorização para usar o bonde, para sair dos limites da cidade, para ser visto com Eva; desde as últimas prisões é melhor nunca ser visto na rua. (No mínimo, eu evito o elegante centro da cidade, como todos os usuários da estrela.) Eu passei toda a manhã limpando a cozinha e estou prestes a descer as escadas novamente para fazer chá e lavar a louça, é claro que eu me sinto muito deprimido. No entanto, *ainda* não fui preso, continuamos aguardando pelo ameaçador aviso de desocupação [...] Ainda consigo ler [...] por horas a fio, ainda me sento à minha mesa."[40]

Entre suas bênçãos, Klemperer encontrou um problema: não havia recebido a temida convocação para o trabalho manual. Poucos dias depois de ter escrito no diário, isso mudou: foi-lhe ordenado que trabalhasse, primeiro em uma fábrica de chá e depois em duas fábricas diferentes, de caixas. Catorze meses depois, quando foi finalmente "liberado", considerou aquela "uma data histórica" em sua vida. Ao longo desses meses, ele lamentou seu desempenho ruim — não era bom em nenhuma das tarefas que lhe foram atribuídas — e o "tempo perdido". Dito isso, ele fez novas amizades e reconheceu que lhe fez bem "estar entre pessoas da mesma idade, ou mais velhas, e que estão sofrendo mais. Costumo dizer a mim mesmo: Se todas essas pessoas aceitam a vida, sem olhar para a morte diante delas, ou para a juventude deixada para trás, por que eu não posso fazer o mesmo?".[41]

Esses novos conhecidos debatiam "apaixonadamente [...] sempre [...] sobre alemães e judeus".

> Müller é veementemente alemão, sem ser antissemita, embora tenha aversão aos judeus orientais; ele contesta a existência de uma *raça* judaica, contesta que o povo alemão seja universalmente antissemita, contesta que Hitler e seu regime correspondam ao caráter do povo alemão como um todo. Dr. Lang é muito amargo, para ele o antissemitismo é uma parte inalienável do caráter alemão, e Hitler está absolutamente em conformidade com isso. Jacobi, que é confuso e pouco normal, e Witkowsky tomam posições que estão em um meio-termo; eu, em grande parte, concordo com Müller.

Klemperer resumiu: "*Todas* essas pessoas, o núcleo dos empresários, as alas acadêmicas e proletárias, estão separadas dos judeus ortodoxos pelo casamento misto. Em alguns, a inclinação para a Alemanha [...] é dominante, [...] em outros, o judaísmo manteve ou ganhou domínio."[42]

De uma coisa Klemperer tinha cada vez mais certeza: "*A questão judaica é alfa e ômega.*" A cada dia que passava, ficava mais claro para ele que, para o Terceiro Reich, a guerra era na verdade "a *Guerra Judaica*", e ninguém podia "experimentá-la tão aguda e tragicamente como o judeu que usa estrelas [...] que, em sua criação, sua educação e seus sentimentos, é verdadeiramente alemão".[43]

***

Os Klemperer mudaram de casa pela terceira vez em dezembro de 1943. Juntamente com outra família, foram "colocados no antigo apartamento dos Hirschel: Zeughausstrasse, número 3". Os Hirschel haviam sido forçados a sair de uma "propriedade muito elegante" de posse da esposa (a Gestapo havia "comprado" essa propriedade) e ir morar em quartos pertencentes à comunidade judaica — ele era o superintendente da comunidade. Poucas semanas depois dessa mudança, Eva relatou: "A Comunidade foi trancada. Ninguém atendeu a porta." Klemperer se perguntou: "Será que os últimos judeus não casados com arianos foram deportados?"[44] (Depois da guerra, ele soube que a família Hirschel, "levada de Theresienstadt para Auschwitz, tinha sem dúvida sido completamente exterminada: marido, mulher e os dois filhos".[45])

Hirschel, que sabia muito bem sobre o aumento das deportações e mortes entre os judeus da cidade, contou a Klemperer um incidente com um inspetor da Gestapo: "Clemens disse: 'Eu te odeio tanto, pode acreditar em mim, vou acabar com você.' Hirschel, que muitas vezes precisa negociar com ele, respondeu: 'Por que você me odeia tanto?' E Clemens disse: "Vou te dizer exatamente porquê. Porque você é judeu. Eu vou te matar, com toda a certeza.' Hirschel também pensou: 'Só uma mudança rápida pode nos salvar.'" Todos, Klemperer observou, "todos mesmo, dizem a mesma coisa, geralmente exatamente da mesma maneira: 'Eles [os nazistas] estão totalmente imersos no futuro próximo, mas se as coisas não acontecerem rapidamente — e não parece que vão — eles vão acabar conosco primeiro.' O assassinato", acrescentou ele, "nos persegue, horrivelmente, como nunca antes".[46]

Agora, em um "clima de desespero", Klemperer estava se mudando para o número 3 da Zeughausstrasse. Naquele ponto, ele estava "completamente nas mãos da Gestapo, completamente rodeado de judeus [...] É meio como viver em barracas", tropeçando "uns nos outros de forma desordenada". E agora, acrescentou, quando "o esperado ataque aéreo chegar, estaremos na mira, bem no meio da cidade".[47]

***

O ataque aéreo, famoso — ou infame — pela devastadora tempestade de fogo que produziu, aconteceu na noite de 13 de fevereiro de 1945. Dez dias depois, Klemperer conseguiu escrever um relato de como ele e Eva escaparam da conflagração. Daquele momento até junho de 1945, sempre que havia uma pausa nos ataques aéreos, ele passava horas rascunhando, com grande dificuldade, um "suplemento" ao seu diário: era "uma tortura" usar "a tinta, o papel, a caneta" que ele havia conseguido.[48]

Naquela noite, por volta da uma da manhã, Eva disse: "Aviso de ataque aéreo [...] Não foi alto, estão andando por aí com sirenes manuais e não há eletricidade." Os dois desceram as escadas rapidamente.

> A rua brilhava como se fosse dia e estava quase vazia, incêndios estavam queimando [...] [uma] tempestade soprava [...] Eva estava dois passos à minha frente. Fomos para o hall de entrada do número 3 [Zeughausstrasse]. Nesse momento, aconteceu uma grande explosão nas proximidades. Agachei-me contra a parede [...] Quando olhei para cima, Eva tinha desaparecido. Achei que ela poderia estar no porão [...] Corri pelo pátio até o porão dos judeus [...] A porta estava aberta [...] Chamei por Eva várias vezes. Sem resposta [...] batidas, [...] explosões. Não conseguia raciocinar, nem sequer tinha medo, estava tremendamente exausto [...] Depois de um momento, tropecei em uma abóbada ou um obstáculo ou uma balaustrada ao ar livre, [...] deitei no chão [...] Alguém gritou: "Por aqui, Herr Klemperer!" [...] Um grupo de pessoas estava subindo pelos jardins públicos até o Brühl Terrace. O caminho estava cercado de chamas, mas provavelmente era mais fresco lá em cima e mais fácil de se respirar. Então eu estava no topo, em meio ao vento da tempestade e à chuva de faíscas [...] Lentamente, comecei a pensar em várias coisas. Eva estava perdida, será que tinha conseguido se salvar, e será que eu tinha pensado muito pouco nela? [...] Às vezes eu pensava: ela é mais capaz e corajosa que eu, deve estar em segurança. Às vezes: espero que ela não tenha sofrido! Mas também, simplesmente: esta noite podia acabar de uma vez! [...] Os incêndios continuaram por um longo tempo

[...] Finalmente, provavelmente por volta das sete, o terraço — o terraço proibido aos judeus — já estava relativamente vazio; caminhei por sua estrutura ainda em chamas e cheguei ao muro. Várias pessoas estavam sentadas lá. Depois de um minuto, alguém me chamou: Eva estava sentada na mala, ilesa, usando seu casaco de pele [...] No momento crítico, alguém tinha literalmente tirado Eva da entrada do número 3 da Zeughausstrasse e a colocado no porão ariano, ela saiu pela janela do porão, viu os números 1 e 3 queimando, ficou no porão de Albertino durante certo tempo, chegou ao Elba em meio à fumaça e passou o resto da noite à minha procura. [...] Em um momento, enquanto me procurava, ela queria acender um cigarro, mas não tinha fósforos, algo estava brilhando no chão, ela queria usá-lo... era um cadáver em chamas [...] Agora já era quarta-feira de manhã, 14 de fevereiro. Nossas vidas tinham sido salvas e estávamos juntos.[49]

Assim que se reuniram, Eva rasgou a estrela do casaco do marido com um canivete. Esse "passo foi uma necessidade e foi seguido por outras pessoas". Em uma base militar para onde foram evacuados os sem-teto de Dresden, Klemperer registrou-se como Victor Klemperer, e não como Victor-Israel Klemperer, como o regime tinha ordenado em agosto de 1938. Quando os cupons de comida foram distribuídos, ele assinou da mesma forma. Em Piskowitz, onde os Klemperer se refugiaram em seguida, desta vez com uma antiga empregada, o jovem prefeito, depois de registrar suas informações, perguntou: "Você é de descendência judaica ou de raça mista?", e Klemperer respondeu que não. Ainda assim, eles tiveram que se mudar, havia muitos refugiados e poucas acomodações. Em Falkenstein, procurando abrigo com um velho amigo, Klemperer continuou a agonizar: "Se ao menos a sensação cada vez mais forte de ser caçado desaparecesse. *Tenho* que me sentar em um restaurante várias vezes por dia, e cada minuto é uma tortura. (Na rua, enquanto caminho [...] sinto-me, em geral, mas não sempre, um pouco mais seguro.) Eu olho para cada pessoa que passa, tentando julgar se é um oficial do partido ou algo do tipo."[50] Só quando estavam perto de Munique, sendo recebidos por pessoas de quem tinham apenas ouvido falar, mas nunca tinham conhecido, é que a ansiedade de Klemperer diminuiu.

Como refugiados, os Klemperer eram elegíveis para quartos requisitados, e em meados de abril, depois de um grande percurso de escritório em escritório e de cidade em cidade, todos nas proximidades da capital da Baviera, eles encontraram um alojamento na aldeia de Unterbernbach. Três semanas depois do fim da guerra, Klemperer decidiu voltar para Dresden o mais rápido possível. "Para conseguir ajuda de verdade", ele supôs, "eu teria que me revelar judeu. Mas" acrescentou, "eu gostaria de fazer isso apenas quando pudesse definitivamente [...] deixar esse ambiente para trás." Dentro de dias ele decidiu arriscar, e apareceu perante um funcionário do governo militar americano em uma cidade vizinha, na verdade perante uma "jovem com grandes olhos cinza-azulados, sem aparência judaica, usando um batom muito grosso [...] fumando um cigarro após o outro, falando com um sotaque austríaco de maneira animada". Quando o local esvaziou, Klemperer "disse-lhe em voz baixa e em algumas palavras" quem era e entregou seu "cartão de identidade judaico para ela".

> Imediata cortesia sorridente, ajuda, expressão de respeito. Um "Herr Professor" atrás do outro. Se eu precisava de ajuda financeira, se eu tinha uma acomodação decente, roupas seriam entregues, amanhã o prefeito de Unterbernbach estaria lá, ela anotaria meu nome: "K-l-e--m-p-e-r-e-r"; sorrindo: "Já ouvi falar" — sem dúvida já ouviu falar de Georg ou Otto Klemperer [um famoso maestro e meu primo], mas, fosse o que fosse, foi a meu favor. — "Vou falar com o presidente da câmara, Herr professor!" "Senhora, eu não gostaria que as pessoas da aldeia soubessem." [...] Com veemência: "Bem, você acredita que ainda tem alguma coisa a temer?" [...] Não tinha nada a temer [...] Só tinha [...] que ter paciência em relação à partida.

Apesar das muitas e variadas restrições de viagem, ele e Eva decidiram embarcar no que acreditavam ser "uma louca empreitada: [...] percorrer trezentos ou quatrocentos quilômetros, sem utensílios para caminhadas e sem qualquer certeza sobre cartões de alimentação ou sobre alojamento". A odisseia durou mais de duas semanas, a maior parte em pé, Klemperer conseguiu ter seus sapatos "excelente e completamente reparados" antes de partir.[51] Em 10 de junho, cansados e famintos, chegaram a Dresden.

Depois veio a "'reviravolta dos contos de fada'. O dia começou consideravelmente sombrio [...] Depois de uma noite impossível", eles "caminharam por toda a destruição do centro da cidade. Em Theaterstrasse, deveria haver um gabinete de investigação com informações sobre os residentes [...] que tinham sido bombardeados. Estava fechado". Eles começaram a procurar, indo de um lado para o outro na esperança de encontrar pessoas conhecidas. Descobriram casas que foram destruídas, sem deixar vestígios dos antigos habitantes. Finalmente, encontraram o edifício onde os Glaser — amigos que viviam em um casamento misto — moravam. De certo modo, estava "maravilhosamente preservado, cercado de ruínas por todos os lados [...] Frau Glaser deu as boas-vindas" a eles "com lágrimas e beijos". Ela pensou que estavam mortos. Eles se alimentaram e puderam descansar. No fim da tarde, "caminharam até Dölzschen" e recuperaram sua casa.[52]

CODA

O conto de fadas durou pouco. Nos anos seguintes, Klemperer foi nomeado para uma série de prestigiosas cadeiras universitárias; seu estudo da língua nazista, *LTI*, foi publicado e reimpresso várias vezes; ele revisou e reeditou seus trabalhos mais antigos; e foi eleito tanto para a Volkskammer, a assembleia representativa da República Democrática Alemã, quanto para a Academia de Ciências. No entanto, a vida que os seus diários do pós-guerra descrevem não foi de triunfo, mas de crescente desencanto e desilusão.[53]

Um mês após o seu regresso, Klemperer estava decidindo se aderiria ou não ao Partido Comunista.

> Eu não quero tomar uma decisão seguindo as minhas emoções vaci-

lantes, [...] mas fria e calculadamente, de acordo com o que é melhor para a *minha* situação, a *minha* liberdade, *o trabalho que ainda tenho que fazer*, e ainda assim *sem deixar de lado a minha tarefa principal* [impedir o retorno do nazismo], apostando no cavalo certo. Qual é o cavalo certo? [...] A Rússia? Os Estados Unidos? A Democracia? O Comunismo? Pouco político? Muito político? Ponto de interrogação seguido de ponto de interrogação.

Quatro meses depois, ele se jogou de cabeça.

Os formulários de pedido de admissão no KPD (Partido Comunista Alemão) estão na minha mesa. Sou um covarde se não me juntar a ele [...], mas e se me juntar, sou um covarde? As minhas razões para aderir são apenas egoístas? Não! [...] Por si só, o partido é realmente importante para a exclusão radical dos nazistas. Mas substitui a velha falta de liberdade por uma nova! Mas, neste momento, isso não deve ser evitado.

Tornar-se membro do Partido Comunista, concluiu ele, era "um mal menor". Klemperer nunca foi convincente como marxista-leninista, não era um verdadeiro comunista, nem, aliás, um verdadeiro liberal, um verdadeiro alemão ou um verdadeiro judeu. Daí um lamento repetido: "Estou sempre sentando [...] entre dois bancos."[54]

Paradoxalmente, o sentimento de Klemperer de estar perigosamente em cima do muro acabou aumentando sua persuasão. Uma autoapresentação mais confiante e segura teria desmentido o terror que ele estava vivendo — e a esperança desesperada que ele tinha de ser uma testemunha.

2

Infâncias interrompidas:
Ruth Kluger e Michał Głowiński

Victor Klemperer podia usar o diário para manter seu equilíbrio emocional, podia usar sua formação profissional para analisar a linguagem do regime nazista. Com isso, ele transmitiu uma sensação de estranheza: descreveu uma "realidade absurda e sinistra, um mundo completamente grotesco e arrepiante".[1] Os protagonistas deste capítulo — Ruth Kluger, nascida em 1931, e Michał Głowiński, nascido em 1934 — não tinham à sua disposição as ferramentas intelectuais de Klemperer, pelo menos não quando viviam sob o domínio nazista. Anos mais tarde, eles olharam para trás, para as suas infâncias, evocaram memórias indomáveis e tentaram lutar contra elas. Para eles, não há como esquecer o passado, e não há recontagem que leve à sua redenção.

Estes não são resumos simples e diretos. Kluger e Głowiński interrompem suas narrativas a todo momento para considerar e reconsiderar o ato de lembrar. E, ao fazê-lo, projetam imagens radicalmente diferentes: no trabalho de Kluger, há uma figura animada, nervosa e irritada que lembra uma criança com os mesmos traços afiados; no texto de Głowiński, há um tema difuso que evoca um jovem aterrorizado, atordoado e entorpecido. Essas sensibilidades muito diferentes, em vez de proezas analíticas, são centrais para o que está sendo oferecido.

Ambos, por meios diferentes, exercem uma intensa pressão sobre o leitor. Será que eles, e que nós, seremos capazes de tolerar isso? Seremos capazes de resistir à tentação de inventar um final fechado?

"PAISAGENS TEMPORAIS"

Em 1988, Kluger foi diretora do Programa de Educação no Exterior da Universidade da Califórnia em Göttingen. Ela estava na Alemanha há apenas alguns meses quando, atravessando uma faixa de pedestres, um ciclista adolescente a atropelou — não por maldade, ela supôs. Tudo ficou preto, e Kluger alternou entre a consciência e a inconsciência por um bom tempo. Seus pensamentos "rodopiaram em um círculo ou em uma espiral, formaram as mais estranhas figuras geométricas, nunca eram lineares [...] O tempo se estilhaçou". Ela não "experimentou isso como uma continuidade, mas sim como um monte de vidro quebrado, cacos que cortam sua mente quando você tenta uni-los".[2] Kluger se recuperou dentro de algumas semanas.

No entanto, "as memórias permaneceram, como pinturas rupestres que, para olhos não treinados, parecem, a princípio, meros rabiscos, até se tornarem figuras e ganharem um significado espectral". Finalmente, sentou-se e escreveu, em alemão, sua língua materna, mas uma língua que sua mãe se recusava a ler. Kluger não queria que sua mãe idosa visse esse trabalho, havia muito nele sobre o relacionamento atormentado das duas. O livro, *Weiter leben* [*Continue vivendo*, em tradução livre], foi lançando em 1992 e tornou-se um grande sucesso. Sua mãe descobriu sobre o livro, "achou que muitas frases a criticavam e ficou [...] magoada". Ela temia que seus vizinhos, que não sabiam alemão, descobrissem que ela tinha sido uma mãe ruim. Então Kluger decidiu adiar a publicação da edição em inglês para depois da morte da mãe. Quando publicou *Still*

Alive: A Holocaust Childhood Remembered [*Sobrevivente: lembranças de uma infância no Holocausto*, em tradução livre], em 2001, ela deixou claro que não era "nem uma tradução nem um novo livro: é outra versão, um livro paralelo, se preferirem", para seus filhos e para o público americano.[3]

Primeiramente, Kluger considerou chamar seu livro de *Stations* [*Estações*] e ligar suas lembranças às cidades e aos campos que associava a elas. (Então um amigo católico lembrou das estações da cruz. Ela "ficou chocada com a arrogância involuntária".) Deveria haver, escreveu ela, "uma expressão como 'paisagem temporal' para indicar a natureza de um lugar no tempo, ou seja, em um momento determinado, nem antes e nem depois". Os lugares a que ela se referia não eram nomes de casas atuais ou antigas; eram mais como "cais de pontes que foram explodidas, só que não podemos ter certeza do que essas pontes ligavam". E acrescentou, "se não encontrarmos as pontes, teremos de inventá-las ou contentar-nos em viver numa terra de ninguém entre o passado e o presente".[4]

***

"O seu segredo era a morte, e não o sexo." Foi com essa afirmação concisa que Kluger iniciou seu relato. Kluger, de oito anos, bisbilhotou uma conversa dos adultos. Falavam de Hans, um primo que esteve em Buchenwald e foi torturado. A menina queria "descobrir mais sobre essa experiência extraordinária. Não tanto por simpatia, mas por curiosidade, porque Hans era o ponto central de um mistério empolgante". Anos mais tarde, ao visitá-lo — ele tinha saído de Buchenwald, na Áustria, se estabelecido na Inglaterra e casado com uma não judia —, ela aproveitou a chance de perguntar-lhe "sobre os velhos segredos". "Mas os outros convidados na sufocante e arrumada sala de estar inglesa queriam ser deixados em paz: as crianças nos asseguram que eles estavam prestes a partir de qualquer maneira e que era melhor ir agora [...] A gentil esposa de Hans saiu da sala. Ela já ouvira tudo aquilo antes, e mais do que gostaria. É verdade, sem dúvidas, mas ela prestou atenção?"[5] Alguém vai prestar atenção ao que Kluger tem a dizer?

"Os adultos", escreveu Kluger, recordando sua infância em Viena, "perderam o rumo [...] Meu povo sabia dos *pogroms* do passado (não seriam judeus se não soubessem), mas tratava-se de um assunto sombrio, histórico, de preferência polonês ou russo, nada a ver conosco. Eles também sabiam o que estava acontecendo na vizinha Alemanha nos últimos cinco anos. Ou não leram os jornais? No que eles *estavam* pensando?", Kluger exigiu "em uma retrospectiva hipócrita". Depois de Hitler ter anexado a Áustria em março de 1938, ela acreditava que deveriam ter ido embora "legal ou ilegalmente e independentemente do destino. Só deveriam ter ido embora. É verdade que eles não tiveram tanto tempo quanto os judeus alemães para deixar o seu país, mas tiveram mais do que os judeus poloneses". Kluger teria partido, diz ela, "com a sensação de desastre" em seus ossos, "naquele momento e em todos os que se seguiriam".[6]

O primeiro desastre, a primeira perda de Kluger, foi seu irmão mais velho, na verdade seu meio-irmão, Georg em alemão e Jiři em tcheco, sua língua nativa. A mãe dela teve um filho com o primeiro marido, divorciou-se e voltou a Viena, o ex-marido ficara em Praga. O rapaz tinha vivido com a mãe. "Um dia", Kluger imaginou, "eu seria como ele, o mais próximo que pudesse, pelo menos, sendo uma garota. Certo dia, ele sumiu".[7] Em 1938, depois de passar férias de verão em Praga, Georg não voltou. O pai não deixou que ele fosse embora, e os tribunais tchecos o apoiaram. Décadas mais tarde, no jantar — naquela época, Kluger era professora do departamento alemão de Princeton — um palestrante convidado, evidentemente Saul Friedländer, descreveu em detalhes o que tinha acontecido com certo transporte que ia para Riga.[8] Era o transporte de seu irmão.

Kluger também perdeu o pai, um ginecologista que foi preso sob a acusação de realizar um aborto ilegal. Graças à mãe de Kluger, que encontrou um conhecido advogado oportunista e pagou por seus serviços, ele foi libertado na condição de que saísse do país e que sua esposa ficasse para trás para pagar "o infame *Reichsfluchtsteuer*, literalmente um imposto para fugir do Reich". Kluger recordou a cena de sua volta para casa, classificada como uma "memória incorrigível": "Houve um grande almoço, muitos membros da família estavam presentes, e eu tinha permissão para trazer a minha melhor amiga para lhe apresentar o meu pai, recém-liberado. Ele falava, e todos paravam para escutá-lo, era o centro das atenções, e eu queria ser notada por ele, falar com ele [...] Tudo o que consegui foi tomar uma surra como nunca tinha levado antes, na frente da minha amiga de olhos arregalados — a humilhação que senti! — e ser expulsa da mesa." Uns dias depois, ele tinha ido embora, viajando primeiro para a Itália. "E lá cometeu o erro de fugir de um país fascista para uma democracia, a França. Os italianos eram muito menos propensos a interferir com os refugiados judeus do que os franceses, [...] pois os italianos têm um desrespeito saudável pelo governo".[9] Os franceses entregaram-no aos alemães e, em 1944, ele foi levado de Drancy. Durante anos, Kluger acreditou que Auschwitz tinha sido o seu destino final e imaginava-o numa sala cheia de pessoas respirando gás venenoso. Muito mais tarde, ela soube que o seu transporte acabou na Lituânia e na Estônia. Como ele foi assassinado, ela nunca descobriu.

Viena, Kluger comentou, "era uma cidade que te bania e depois não te deixava ir embora". "O Reich queria ser compensado quando os cidadãos indesejados realmente partissem." Sua mãe explicou por que não conseguiu o dinheiro para pagar o *Reichsfluchtsteuer*: "Os imóveis judeus haviam sido confiscados e eles não podiam acessar suas contas bancárias." Não satisfeita, Kluger insistiu, repreendendo: "Você tinha contatos, é muito experiente, o que aconteceu?" (E Kluger se perguntou: teria sido sua neurose, sua "loucura cumulativa, agravada pela nova ordem social insana?") Obrigada a ficar, a mulher recusou-se a deixar a filha ir embora.

> Uma vez, quando estávamos no Centro Comunitário Judaico, um jovem nos perguntou se ela aceitaria me enviar sozinha, em um transporte com outras crianças, para a Palestina (ou era a Inglaterra? Não tenho certeza). Era uma última chance, disse ele, bem a tempo. Era muito aconselhável que aceitássemos. Meu coração começou a palpitar, porque eu adoraria deixar Viena [...] Ela não me perguntou e nem sequer olhou para mim quando respondeu em voz alta: "Não. Crianças e mães

devem permanecer juntas." No caminho para casa, lutei contra a minha desilusão [...] Ela devia ter pedido a minha opinião? Não ter me tratado exclusivamente como sua propriedade? Em seus últimos anos, quando já era uma velha mulher derrotada, que tinha vivido a maior parte do século, com as faculdades mentais prejudicadas, eu ainda tinha um vislumbre dessa poderosa reivindicação de propriedade, disfarçada de amor e expressa como crítica. ("Por que você não pode me visitar amanhã?" "Você realmente *precisa* viajar?" "Onde está o seu casaco? Está muito frio para sair sem ele." "Você está usando os sapatos errados.")[10]

Kluger e a mãe ficaram presas em Viena até setembro de 1942. Cinco anos antes, ou seja, no outono de 1937, seis meses antes da invasão alemã, Kluger tinha começado o primeiro ano da escola. Nos quatro anos seguintes, ela frequentou oito colégios diferentes. Cada dia havia menos estudantes em sala, os estudantes judeus já haviam sido expulsos das escolas públicas e enviados para escolas reservadas. Kluger se perguntou se as crianças desaparecidas tinham conseguido deixar o país, talvez tivessem se escondido, talvez tivessem sido presas. "Quando havia pouquíssimos alunos, a escola foi fechada", e Kluger "foi transferida para outra com o mesmo problema [...] Os professores também desapareceram, um após o outro [...] Quanto menos escolas havia para crianças judias, mais tempo levava para chegar à escola. Tínhamos que usar o bonde e o metrô. Quanto mais tempo demorava, menos provável era que se pudesse evitar olhares e encontros preconceituosos". Uma pequena história deste período:

> Ouvi uma mulher judia da minha idade contar sua primeira experiência com os nazistas. Foi a caixa de areia, disse ela. Ela estava brincando na caixa de areia, e uma das mães arianas simplesmente a expulsou. De início, ela pensou que se tratasse de uma nova brincadeira, e logo voltou. A "brincadeira" se repetiu. Apenas na terceira vez ela percebeu o que estava acontecendo. As crianças judias são notoriamente boas aprendizes. Mas me pergunto: o que se passava pela cabeça da mulher que fez isso? No entanto, ser expulso de uma caixa de areia sem razão aparente pelos

pais de outras crianças era *a* experiência da minha geração de alunos da pré-escola e do primeiro ano na Viena de Hitler.[11]

Kluger mudou diversas vezes de escola, até sua mãe sugerir que ela parasse de ir às aulas; e mudou diversas vezes de casa, até ela e a mãe serem transportadas para Theresienstadt. As duas primeiras casas, recordou Kluger, "eram brilhantes e ensolaradas." As duas seguintes eram sombrias: apartamentos escuros que elas dividiram com um casal de outra família judaica. Ela e a mãe tinham "um pequeno quarto, que só recebia luz de um pátio interno [...] Havia percevejos. Você apaga a luz e imagina os insetos rastejando para fora do colchão. Então sente uma mordida e acende a luz e reclama amargamente que está dividindo a cama com vermes repugnantes". Ainda assim, sua mãe tentou permanecer em Viena o maior tempo possível, o fato de ela ser enfermeira e fisioterapeuta no hospital judeu ajudou. (Kluger passava os dias no hospital, sozinha com um livro. Pelo menos lá ela podia comer e tomar banho.) As duas estavam "entre os últimos judeus a serem deportados de Viena para Theresienstadt, no chamado transporte hospitalar de setembro de 1942".[12]

A óbvia hostilidade de Kluger para com sua mãe — sua biografia está repleta de momentos de pura ingratidão — é ainda mais inquietante no contexto do projeto genocida de Hitler. Destrói a suposição de que, de alguma forma, o horror absoluto da perseguição teria acabado com os dramas familiares.

***

"Theresienstadt não era tão ruim assim", disse a esposa alemã de um colega de Princeton a Kluger, com um toque de presunção. Essa mulher, a quem Kluger chamou de Gisela, pertencia "a uma geração mais jovem de alemães que não podia ser responsabilizada por nada [...] Ela estava determinada a diminuir o passado até que ele coubesse em uma caixinha de consciência alemã limpa, que não tirasse o sono de seus compatriotas. Parece que alguns alemães estavam presos em uma espécie de [...]

melodrama, em que as nuances da realidade e as suas superfícies ásperas desaparecem em um nevoeiro e não se consegue enxergar nenhum detalhe, então por que tentar?" Assim como a maioria dos americanos. O comentário de Gisela foi "uma provocação e claramente agressivo".[13]

Theresienstadt foi construída em 1780. Essa pequena cidade fortificada tinha servido como uma base militar menor para a Monarquia de Habsburgo até 1918 e, em seguida, para a República da Tchecoslováquia. Em setembro de 1938, na Conferência de Munique, Grã-Bretanha, França, Itália e Alemanha — os tchecos tinham sido banidos para o flanco — tinham concordado que a região dos Sudetas deveria fazer parte do Reich alemão. Theresienstadt permaneceu no estado tcheco-eslovaco (o hífen recém-introduzido surgiu de uma demanda eslovaca). Seis meses mais tarde, a Wehrmacht ocupou Praga e a Tchecoslováquia deixou de existir. A Eslováquia tornou-se um satélite da Alemanha, Boêmia e Morávia foram transformadas num protetorado do Reich e Theresienstadt caiu sob controle alemão. No outono de 1941, Theresienstadt abrigava cerca de 7 mil soldados alemães e civis tchecos, e um anexo servia de prisão central da Gestapo no protetorado. No fim do ano, os detalhes do trabalho judaico converteram o campo em um campo de trânsito/ gueto, ou, como colocou Kluger, "no estábulo que servia ao abatedouro".[14] Judeus tchecos, alemães e austríacos foram enviados de Theresienstadt para centros de matança, campos de concentração e campos de trabalho forçado na Polônia ocupada pela Alemanha, na Bielorrússia (agora Belarus) e nos Países Bálticos. Além disso, o campo servia como uma comunidade de "aposentadoria" para judeus idosos ou deficientes da Alemanha e da Áustria, bem como para veteranos de guerra altamente condecorados. Esperava-se que as condições dentro do campo acelerassem a morte de muitos, principalmente por doença ou fome. Dos cerca de 140 mil judeus transferidos para Theresienstadt, por volta de 90 mil foram deportados para locais mais a leste onde a morte era quase certa, e cerca de 30 mil morreram em Theresienstadt.

"A vida em um grande estábulo. Os proprietários aparecem de vez em quando, vestindo uniformes sinistros, para se certificar de que o gado está se comportando", ela falava de Theresienstadt, tão superlotado que era "quase impossível encontrar um local tranquilo para ter uma conversa privada [...] Nenhuma liberdade de movimento além de um quilômetro quadrado, e dentro do campo você estava à mercê de uma vontade anônima, que poderia, e iria, enviá-lo para algum destino que você nem conhecia, mas do qual já tinha medo [...] Essa era a realidade de nossa existência, esse ir e vir de judeus que não podiam tomar decisões por si próprios, que não tinham controle sobre o próprio destino e não sabiam quando e como alguém tomaria uma decisão sobre as suas vidas". Kluger odiava aquele "buraco de lama", aquela "fossa", aquele "formigueiro".[15]

Mas ela também o adorava. Em Viena, ela era uma "excluída", tinha sido transformada em uma "criança excêntrica e estranha". Kluger estava acostumada com a companhia dos pacientes de hospital, das enfermeiras e dos adultos com quem dividia o apartamento; estava acostumada a se divertir "principalmente com livros, e principalmente com livros de adulto". Em Theresienstadt, ela foi designada para a L414, uma sala para o grupo de meninas mais jovens — trinta meninas apertadas em um espaço que teria sido confortável para duas ou três. No início, quando a mãe veio visitá-la, Kluger implorou para ir embora com ela. A mãe recusou, deixando Kluger por conta própria. E ela conseguiu: "No fundo, eu estava quase contente de estar escapando das exigências contraditórias da minha mãe, e logo percebi que poderia ser mais fácil viver com outras crianças. Observei o comportamento das meninas à minha volta e vi que não seria difícil agradá-las. No fim das contas, eu desenvolvi um dom para a amizade."[16]

"Oferecer ensino regular para as crianças de Theresienstadt era ilegal", mas Kluger recebia um ensino irregular. Havia muitos professores: Theresienstadt era "cheio de homens e mulheres da *intelligentsia* judaica, [...] que se alegravam se algumas crianças se sentassem aos seus pés e escutassem enquanto eles falavam de Cultura (com um C maiúsculo, claro)". Kluger lembrou-se de ter ouvido o famoso rabino de Berlim, Leo Baeck. Ele falou sobre a Bíblia e sobre o Iluminismo e disse ao seu grupo que eles poderiam ter ambos, o velho mito e a nova ciência. E ela lembrou-se da sua introdução ao sionismo. A organização da L414 estava nas mãos de uma jovem de dezesseis anos que transformou sua comunidade em um movimento juvenil: elas cantavam canções sionistas e dançavam a *hora*; quando iam dormir, "não desejavam uns aos outros *Gute Nacht*, mas *leila tov*". Anos mais tarde, Kluger se perguntava como ela, uma descrente, poderia se considerar judia: "É por causa de Theresienstadt. Foi lá que me tornei judia."[17]

Então Gisela tinha razão quando disse que Theresienstadt não tinha sido assim tão ruim? Kluger intercedeu, "o que ela ganhava me dando um sermão sobre esse lugar do meu passado, onde tudo o que vinha dos alemães era pura malícia e o bem tinha a sua única fonte em nós, os prisioneiros?".[18]

***

"Eu pensava," escreveu Kluger, "que depois da guerra eu teria algo significativo e interessante para contar. Uma contribuição a dar. Mas as pessoas não queriam ouvir sobre nada daquilo".[19] Ela raramente teve a oportunidade de falar sobre eventos que se tornaram inesquecíveis, como o transporte para Auschwitz em maio de 1944.

A distância de Theresienstadt a Auschwitz, em linha reta, não é grande; em um vagão de carga superlotado, era uma viagem muito longa. "O comboio parou, a temperatura subiu [...] e um cheiro de pânico se instalou."

> Uma mulher idosa que estava sentada ao lado da minha mãe, aos poucos, foi desmoronando: primeiro chorou e chorou, e eu fiquei impaciente e irritada, porque lá estava ela, somando seu surto privado ao grande mal da nossa ruína coletiva. Era uma reação de defesa: eu não podia encarar ou assimilar a realidade de um adulto perdendo a cabeça diante dos meus olhos. Por fim, essa mulher sentou no colo da minha mãe e começou a urinar. Eu ainda consigo enxergar o olhar tenso de repulsa no rosto de minha mãe, no crepúsculo inclinado do vagão, e como ela gentilmente empurrou a mulher de seu colo. Sem brutalidade ou malícia [...] Foi um gesto pragmático, humano, como uma enfermeira que se

solta de um paciente que se agarra a ela. Achei que minha mãe ficaria indignada, mas para ela a situação já tinha passado do ponto da raiva e da indignação.[20]

Seu destino, Birkenau, era o campo de extermínio de Auschwitz. Kluger e a mãe foram enviadas para a subdivisão B2B, chamada de campo familiar. Fundado em setembro de 1943 com a chegada de 5 mil judeus de Theresienstadt, esse campo era incomum em vários aspectos: homens, mulheres e crianças ficavam juntos, não passavam pelo processo de seleção padrão, que separava aqueles que eram aptos ao trabalho, autorizados a viver até morrerem de exaustão, daqueles considerados inaptos, que eram liquidados imediatamente; usavam as próprias roupas; e suas cabeças não eram raspadas. Em dezembro de 1943, um segundo transporte chegou, novamente de Theresienstadt, com mais 5 mil judeus, e em maio de 1944 chegaram outros dois. Todas essas pessoas viviam sob as mesmas difíceis condições, que produziram uma taxa extremamente alta de mortes "naturais". No entanto, "exceto pela posição de [prisioneiro sênior], que era preenchida por um prisioneiro alemão veterano, [...] a administração interna do campo estava nas mãos dos judeus".[21] (Por que havia esse tratamento especial? Muito provavelmente porque os nazistas queriam usar o campo familiar como uma vitrine de propaganda no caso de uma visita do Comitê Internacional da Cruz Vermelha, uma visita que nunca aconteceu.[22])

Qualquer que tenha sido o motivo, seis meses depois de entrarem no campo, todos os que tinham chegado em setembro de 1943 foram exterminados de uma só vez, sem seleções. O mesmo não ocorreu na liquidação final, em julho de 1944. Agora precisava haver uma triagem. "Em certo pavilhão, em certo momento, mulheres entre os quinze e os 45 anos deveriam ser escolhidas para serem levadas a um campo de trabalho". A mãe de Kluger acreditava, com razão, "que Birkenau era o fosso, e sair de lá era melhor do que ficar. Mas a palavra *Selektion* não era uma boa palavra em Auschwitz, porque geralmente significava as câmaras de gás."

Dois homens da ss conduziram a seleção, ambos com as costas viradas para a parede dos fundos [do pavilhão]. Estavam parados em lados opostos da chaminé, que dividia a sala. Na frente de cada um estava uma fila de mulheres nuas, ou quase nuas, esperando para serem julgadas. O oficial da minha fila tinha um rosto redondo e malvado, e era tão alto que eu tinha que jogar a cabeça para trás para olhar para ele. Disse-lhe a minha idade, e ele me recusou com um balançar de cabeça, simples assim. Ao lado dele, a escrivã, também prisioneira, não devia escrever o meu número [...] Minha mãe tinha sido escolhida. Não era para menos: ela tinha a idade certa, era uma mulher adulta. Paramos na rua, entre [...] duas filas de pavilhões, e discutimos.[23]

A mãe de Kluger implorou à filha que tentasse de novo. Ela pediu que Kluger voltasse ao pavilhão usando a porta dos fundos — o dia estava quente, e tanto as portas da frente quanto as de trás estavam abertas — e entrasse em outra fila, dessa vez dizendo ao homem da ss que tinha quinze anos, acrescentando, assim, três anos à sua idade. Kluger rebateu: "Eu não pareço mais velha do que sou." E elas continuaram naquela discussão. Meio desesperadamente, meio desrespeitosamente, a mãe disse: "'Você é uma covarde' [...] e acrescentou: 'Eu nunca fui covarde.'" Relutantemente, Kluger concordou em tentar, com a condição de que dissesse que tinha treze anos. "Quinze era absurdo." Sem ser notada, ela conseguiu entrar pela porta dos fundos, esgueirar-se para a frente, tirar a roupa mais uma vez, e mover-se silenciosamente para o fim da fila. Ela tinha provado à mãe que não era uma covarde, mas "era a menor, e obviamente a mais nova, mulher da sala, subdesenvolvida, subnutrida, e nem perto da puberdade".

A fila andou em direção a um homem da ss que, ao contrário do primeiro, estava de bom humor [...] Sua escrivã tinha talvez dezenove ou vinte anos. Quando ela me viu, deixou seu posto e, quase alto o suficiente para que seu chefe ouvisse, perguntou-me rápida e silenciosamente, e com um sorriso inesquecível de seus dentes irregulares:

— Quantos anos você tem?

— Treze — disse eu, como planejado.
Fitando-me intensamente, ela sussurrou:
— Diga a ele que tem quinze.
Dois minutos depois, havia chegado a minha vez [...] Quando perguntaram minha idade, dei a resposta decisiva, que eu tinha desprezado quando foi sugerida por minha mãe, mas aceitado quando a sugestão veio de uma mulher que eu sequer conhecia.
— Eu tenho quinze anos.
— Ela parece pequena — comentou o mestre da vida e da morte.
Parecia quase amigável, como se estivesse avaliando vacas e bezerros.
— Mas ela é forte — disse a mulher —, olhe para os músculos das pernas dela. Ela pode trabalhar.
Ela não me conhecia, então por que fez aquilo? Ele concordou, por que não? Ela anotou meu número, e eu ganhei um tempo extra de vida.[24]

A menina também era uma presidiária, e arriscou muito quando disse a Kluger para mentir e, em seguida, abertamente defendeu alguém "muito jovem e pequena para o trabalho forçado [...]. Ela me viu na fila", escreveu Kluger, "me apoiou e fez com que eu fosse aprovada". A atitude da garota, insistiu ela, era "do tipo que é sempre único, não importa quantas vezes ocorra: um ato de empatia incompreensível, ou, sendo mais modesta, uma boa ação".[25]

***

Outra viagem em um vagão de carga, mas dessa vez ocupado por menos mulheres. O comboio levou-as para Christianstadt, um campo satélite de Gross-Rosen. Lá, elas viviam em barracões, que, ao contrário das grandes estruturas de Birkenau, que mais pareciam estábulos, tinham salas de verdade, com seis a doze pessoas por quarto. No início, o contingente de tchecos, alemães, austríacos e húngaros do campo familiar de Kluger em Theresienstadt eram os únicos prisioneiros. "Então chegaram alguns judeus do Leste Europeu que falavam iídiche e tinham sido selecionados diretamente de Auschwitz." Imediatamente houve um sistema de castas, até que as distinções sociais foram forjadas pela economia: pela diferença entre os cozinheiros e seus filhos, que engordavam — "ficavam realmente gordos" — e os demais, que comiam tão pouco que só conseguiam pensar em comida.[26]

Um dia em Christianstadt era mais ou menos assim: ser acordado por uma sirene, depois organizar filas de cinco pessoas para uma chamada nominal. Uma "bebida preta, semelhante ao café, para o café da manhã; uma ração de pão para viagem; e sair marchando em filas de três". (Um guarda corria ao lado das mulheres, assobiando para fazê-las manter o passo. Não adiantava. "Tente ensinar donas de casa judias — era o que a maioria delas era, claro — a agir como soldados do exército.") Depois, trabalhar: trabalho pesado, limpar florestas, escavar, carregar troncos de árvores, construir linhas ferroviárias. Às vezes Kluger era emprestada a aldeões próximos: isso significava trabalhar dentro de casa, fora do amargo frio invernal. Às vezes ela tinha que trabalhar nas minas, o pior trabalho: roupas muito finas, pés embrulhados em jornais, uma guerra contra o relógio. À noite, as mulheres mais velhas falavam sobre suas vidas antes da guerra: viagens, festas, universidade e culinária. Elas trocavam receitas, listando quantidades generosas de manteiga, ovos e açúcar, um concurso de bolos de faz de conta. Kluger "ouvia tudo com o estômago roncando".[27]

Uma vez, quando estavam trabalhando na floresta — lá os prisioneiros tinham contato com civis alemães —, Kluger sentou-se, durante uma pausa para descansar, em um tronco de árvore, ao lado de "um homem gordo e quadrado". Ele provavelmente a convidou para juntar-se a ele, ela nunca teria sentado ali por vontade própria. "Ele estava comendo um sanduíche de banha de porco com centeio, uma iguaria que não se via no campo", e ela ficou se perguntando como poderia convencê-lo a lhe dar a comida. Ele obviamente estava intrigado com Kluger, "uma criança prisioneira [...] de cabelo escuro, [...] inadequada para o trabalho, [...] uma menina, ainda por cima, [...] que falava um impecável e presumivelmente nativo alemão, [...] uma criança que deveria estar na escola". Ele fez uma série de perguntas, ela respondeu cautelosamente, com um olho no sanduíche — ela não ganhou o pão ou a banha, embora ele tenha lhe dado uma grande mordida. O civil disse-lhe "que as crianças alemãs também não iam mais à escola. Tinham virado soldados, todas elas." Kluger resumiu:

> Imagino que, para o homem gordo, se ainda vive, eu sou uma pequena menina judia que não estava numa situação tão ruim assim, já que não contou nenhuma história de horror, embora ele a tenha incentivado, de uma forma amigável, a ser honesta e conversar sobre sua vida [...] E talvez ele use esse encontro como evidência de que os judeus não estavam pior do que o resto da população durante a guerra.[28]

***

Os registros nazistas mostram que no início de 1945 "havia cerca de 714 mil prisioneiros na rede de campos de concentração". (Pode-se supor que os números reais eram muito mais altos: mesmo os responsáveis pelos campos "foram incapazes de medir suas vastas dimensões com precisão absoluta".) Os prisioneiros foram "espalhados por centenas de campos, grandes e pequenos, por toda a extensão do império nazista em derrocada, desde o rio Reno, no oeste [...] até o rio Vístula, ao leste; desde a costa do mar Báltico, ao norte, até o rio Danúbio, ao sul". Centenas de milhares deles "foram forçados a marchar [...] através do Terceiro Reich já em colapso". Essas marchas eram letais: os prisioneiros "foram sendo gradualmente liquidados, fosse antes da partida, durante a marcha ou depois de chegarem aos seus destinos". No início de maio, quando a Alemanha finalmente capitulou, talvez 250 mil estivessem mortos, e muitos outros, em condições físicas deploráveis, não sobreviveram muito tempo depois da libertação.[29]

Christianstadt estava entre os campos que foram evacuados antes da invasão russa, que avançava. Na segunda noite de caminhada — agora as mulheres eram transportadas a pé — Kluger, sua mãe e Susi, uma menina um pouco mais velha que Kluger que sua mãe havia adotado em Birkenau, escaparam. (A coisa mais estranha que Kluger podia dizer sobre sua mãe era isto: "ela adotou uma criança em Birkenau", ela simplesmente decretou que Susi pertencia a elas.) Enquanto os presos, famintos e congelando, esperavam que a ss designasse um celeiro onde pudessem dormir, as três fugiram. Foi sorte, escreveu Kluger, "encontrar-se no meio do declínio da antiga Alemanha", e elas "seguiram [...] os recém-desabrigados que estavam sufocando em sua própria miséria e não tinham o estômago" para investigar de onde elas eram.[30] As três mendigaram e roubaram, ambos foram relativamente fáceis. Conseguiram arranjar roupas usadas e parecer menos suspeitas, e conseguiram comer o suficiente. Em pouco tempo, tal como os refugiados, estavam indo para o oeste.

Elas precisavam de identificação, de provas de que eram de fato uma família. A mãe de Kluger insistiu que resolveria o problema. Como? Sua estratégia era a seguinte: encontrar um pastor da aldeia, contar sua história e pedir ajuda. (As meninas eram céticas: em suas curtas vidas, elas "não tinham visto muitos exemplos de amor cristão pelo próximo ou pelo inimigo"). Funcionou. A mãe de Kluger relatou "que o pastor ficou sem palavras e não hesitou nem por um segundo. Ele não parou para pensar se estava infringindo a lei, correu para os arquivos e agilmente começou a procurar pelo que precisavam. Ele tinha certificados de batismo e outros documentos que foram deixados nas igrejas, e deu" a elas os "papéis de uma mãe e duas filhas. Havia algumas informações que não batiam, como datas de nascimento".[31] Mesmo assim, os papéis eram como um presente de Deus.

Naquela noite, as três embarcaram em um comboio que ia para o sul da Alemanha. Tiveram que decidir rapidamente, porque os trens eram pouco frequentes, e não se podia ter a certeza de que haveria outro em breve. O trem também era lento, parando frequentemente para evitar bombardeiros — este foi o período dos últimos e mais intensos ataques aéreos. O comboio arrastou-se por dias, deixando Kluger, sua mãe e sua nova irmã em Straubing, na Baixa Baviera. Lá, foram tratadas como cidadãs, receberam um lugar para ficar e alojaram-se numa pequena fazenda na periferia da cidade. E lá estavam quando os "Amis", os americanos, chegaram.

> Não tínhamos planejado mais à frente. Nós três caminhamos até o
> centro da cidade, olhamos maravilhadas umas para as outras e nos

perguntamos: "E agora?" Minha mãe, determinada a testar seu inglês, aproximou-se do primeiro uniforme americano à vista, um policial militar organizando o trânsito, e disse-lhe em poucas palavras que tínhamos escapado de um campo de concentração. Como eu não sabia inglês, não consegui entender sua resposta, mas o gesto que ele fez era inconfundível. Ele pôs as mãos sobre as orelhas e virou de costas para nós. Minha mãe traduziu. Ele estava farto de pessoas que afirmavam ter estado nos campos. Estavam por todos os lados. Por favor, precisávamos deixá-lo em paz![32]

***

O fato de a mãe de Kluger falar inglês colocou a família em uma situação confortável: ela foi "contratada como assistente e intérprete de um oficial judeu e ajudou com as PDs, pessoas deslocadas", pessoas como elas, "que escaparam, foram libertadas ou saíram do esconderijo. Essas pessoas queriam voltar para casa ou migrar para outro país".[33] No final de 1947, as três foram para os Estados Unidos, Susi para St. Louis, graças aos esforços de um tio, e Kluger e a mãe para Nova York.

Em seu primeiro Dia de Ação de Graças, passado na casa de parentes distantes, que "viveram a vida toda em Long Island", a anfitriã disse a Kluger: "'Você precisa apagar da memória tudo o que aconteceu na Europa. Começar do zero e esquecer o que te fizeram. Apague tudo como se fosse giz em um quadro negro'. E para me fazer entender melhor, ela gesticulou como se limpasse um quadro com um apagador [...] Lutando com as palavras estrangeiras [...] expliquei a ela por que precisava rejeitar aquele convite para trair o meu povo, os meus mortos. A linguagem era relutante." A mulher mais velha "mal ouvia as minhas baboseiras alienígenas".[34]

Mais uma vez, Kluger uniu sua história do Holocausto a sua luta contínua para encontrar um público que fosse ao mesmo tempo curioso e compreensivo. Uma amiga comentou sobre sua busca: "Você reclama que ninguém te pergunta nada, mas quando o fazem, você também reclama das perguntas. Você é difícil de agradar." E Kluger concordou: "É isso mesmo, eu *sou* difícil de agradar."[35]

"FLASHES DE MEMÓRIA"

Michał Głowiński, professor de literatura e crítico literário, tinha estabelecido uma reputação com seus estudos teóricos sobre o romance antes de migrar para a autobiografia. *Czarne sezony* [*Estações negras*, em tradução livre] foi lançado na Polônia em 1998 com ótima recepção; sete anos depois, foi publicada a sua versão em inglês, *The Black Seasons*, traduzida por Marci Shore. O livro não é um simples relato cronológico dos anos de guerra, não é apenas um registro contínuo de como é viver sob a ocupação alemã. A intenção de Głowiński não era reconstruir essa história sombria, ele queria capturar suas experiências, "que emergiam de flashes de memória" e contar os "acontecimentos da mesma forma" como ele "os percebeu naquela época". Ele avisa ao leitor: "Flashes de memória [...] justificam a fragmentação — na verdade, eles supõem isso desde o princípio."[36] Era apenas uma prévia do que viria a seguir.

***

Głowiński começa com uma palavra: gueto. "Lembro-me quando a ouvi pela primeira vez, pouco antes do meu quinto aniversário, logo após a derrota em setembro de 1939. A palavra entrou nos meus ouvidos enquanto as pessoas à minha volta deliberavam [...] Imaginei esse misterioso e incompreensível gueto como uma carruagem enorme e de muitos andares que percorria as ruas da cidade, puxada por centenas de cavalos [...] Imaginei que nessa carruagem haveria todo o tipo de escadas [...] e muitas janelas também [...] Na minha imaginação, inventei uma carruagem fantástica no modelo de um carro funerário — a carruagem negra da morte — como os que eram vistos de vez em quando pela cidade."[37]

O primeiro gueto do Governo Geral foi criado em Radomsko, em dezembro de 1939. (Grandes áreas da Polônia tinham sido anexadas ao Terceiro Reich. E o resto do país ocupado pela Alemanha, conhecido como Governo Geral, incluía o distrito de Lublin e partes das províncias de Varsóvia e Cracóvia.) Em maio de 1940, Hans Frank, o governador-geral, ordenou que os judeus de Varsóvia fossem encurralados em uma área exclusivamente judaica da cidade. Em novembro, essa área foi isolada. Tendo vivido o cerco de Varsóvia bem no centro da cidade, sendo então confinado, juntamente com outros membros de sua família culturalmente constituída, a um pequeno gueto em Pruszków, e finalmente tendo sido realocado para o gueto de Varsóvia — "uma viagem em um trem de carga trancado [que] durou dois dias", embora a distância percorrida fosse de "pouco mais de doze quilômetros" — Głowiński rapidamente aprendeu o verdadeiro significado da palavra que havia inspirado tantas fantasias encantadoras.[38]

A cor, "um cinza-castanho-negro, o único de sua espécie, desprovido de qualquer brilho [...] ou tom distintivo": esse monocromatismo, essa "descoloração", caracterizava o gueto. Głowiński se recorda: "Tudo era tão descolorido, independentemente da cor original e do clima. Mesmo os raios de sol mais intensos não iluminavam ou coloriam vagamente essa descoloração." Em sua mente, "a cor do gueto" era "a cor do papel que cobria os cadáveres deitados na rua antes de serem levados", o próprio papel tornou-se para ele "uma das encarnações da morte". E na "época da grande morte", que "nunca terminava no gueto, [...] os cadáveres já eram parte da paisagem [...] a rua era um lugar de morte: não só súbita e inesperada, mas também lenta — morte por fome, doenças e por qualquer outra causa".[39]

Uma memória: "um esqueleto, vestido com um sobretudo, tocando violino." No caminho de Głowiński para as aulas — por pouco tempo ele teve a oportunidade de frequentar a escola —, ele passava por "um homem macilento, já não tão jovem, tocando violino. Ele sempre tocava a mesma música", que Głowiński soube por um adulto que era "um fragmento do 'Concerto para Violino' de Mendelssohn'. Diziam que antes da guerra ele tinha sido membro da Orquestra Filarmônica de Varsóvia [...] Havia tão pouco dele que o homem desaparecia dentro do largo casaco cinza, que sem dúvida lhe servia durante os melhores tempos do pré-guerra, mas que agora estava pendurado sobre ele como se fosse feito para vestir três homens do seu tamanho de uma vez [...] Ele deve ter conseguido algum dinheiro, mas [...] a miséria e a fome eram cada vez mais visíveis em sua aparência".[40]

Outra memória: um "espantalho", um "homem alto, muito magro, ligeiramente corcunda, cujos movimentos [...] pareciam mecânicos". Ele parecia ser "artificialmente montado usando diferentes peças: sua cabeça, com bochechas estranhamente salientes e óculos de arame escorregando pelo nariz", parecia ter sido "unida com parafusos ao resto de seu corpo". Głowiński às vezes o via quando ia às aulas. Esse homem de aparência estranha morava no mesmo apartamento que seu professor. Um dia, ao bater à porta, ele foi informado de que o colega de apartamento tinha se enforcado. "A imagem daquele homem morto pendurado no banheiro assombrou" Głowiński por muito tempo. Ele acredita que foi naquele momento que "compreendeu o que era a morte"[41].

***

A partir de julho de 1942, como parte da Operação Reinhard — o código para o plano alemão de assassinar os cerca de dois milhões de judeus que viviam no Governo Geral —, judeus do gueto de Varsóvia foram enviados para Treblinka e exterminados, somando aproximadamente 300 mil pessoas. Disseram que Głowiński e os pais seriam convocados e marchariam até o ponto de coleta, a Umschlagplatz, uma barreira criada com parte de uma estação de trens de carga. Em vez disso, eles e vários vizinhos se esconderam em um porão. "Estava lotado, e o teto era tão baixo que era impossível ficar de pé [...] Todos os sons vindos de fora traziam medo [...] Eu também", escreveu Głowiński, "estava aterrorizado. Eu me aninhava perto dos meus pais, embora eles também não fossem uma garantia de segurança naquela situação. Percebi que estavam sendo ameaçados pela mesma coisa que eu, que todos nós estávamos. Estava escuro e o silêncio absoluto era obrigatório, nenhum sinal de vida podia escapar por detrás daquelas paredes."[42]

Como, então, Głowiński e seus pais conseguiram sobreviver? Ele confessou estar "maravilhado, [...] maravilhado com tudo isso", maravilhado por estar vivo. Ele se lembra de ser levado para a Umschlagplatz, lembra de ser "empurrado e arrastado pelas ruas pelos alemães e por seus acessórios ucranianos e lituano-letões, bem como pela polícia judaica". Quando ele e os pais chegaram ao ponto de coleta, "os vagões já estavam esperando, o trem estava se preparando para partir. Naquele dia, os alemães tinham levado mais pessoas do que podiam transportar, e algumas teriam que ficar para trás", incluindo os três. Os que ficaram "se acomodaram temporariamente no chão, cada um [...] pensando em uma maneira de fugir". Por acaso, o pai de Głowiński "encontrou alguém que conhecia de sua juventude, um homem que não via há anos e que agora era um policial judeu". Ele pediu ajuda, e o homem os levou para "um lugar escuro, parecido com um depósito ou um corredor estreito onde [...] bens domésticos provavelmente eram armazenados". Eles deviam "ficar ali até que as divisões alemãs, tendo completado as tarefas do dia, fossem embora do gueto. E assim aconteceu". O conhecido os levou para fora da "Umschlagplatz por uma saída lateral, talvez por um buraco na cerca".[43]

Os três escaparam do gueto, e assim "conseguiram evitar a aniquilação" em janeiro de 1943. Encontrar alguém que os ajudasse a atravessar a fronteira não era uma questão simples. Głowiński lembra que seu pai combinou tudo com um homem chamado Kryształ. Durante a "fase final no gueto, Kryształ desempenhou algum tipo de função, ele deve ter sido um oficial que tinha contato com os alemães [...] Ele conhecia um soldado alemão [...] que estava disposto, sob certas condições e por um preço, a transportar judeus através das fronteiras do gueto. Ele insistiu para que não tivessem uma aparência semita, e [...] ordenou que o próprio Kryształ fizesse esse julgamento". Kryształ avaliou os pais de Głowiński em seu local de trabalho, "onde o único tipo de trabalho era o trabalho escravo", restava-lhe ver como era o rapaz.[44] Pela primeira vez em vários meses, Głowiński aventurou-se a sair do apartamento. Kryształ deu um veredito favorável, e o soldado alemão concordou em transportar o menino e seus pais.

Eles fugiram de forma "luxuosa", ao contrário de alguns de seus parentes, não atravessaram pelos canais de esgoto. Usaram um carro conduzido pelo soldado alemão. Para decidir a data, o soldado tinha que saber "quem estaria de guarda naquele dia", alguém que, "mesmo que não quisesse deixar ninguém sair", seria "suficientemente indiferente e pouco curioso" a ponto de não notar os três agachados no banco de trás, vestidos tão discretamente quanto possível. A parada na saída foi breve: o soldado apresentou seus documentos, e rapidamente eles foram liberados. E foi assim que Głowiński e os pais "foram para o lado ariano".[45]

***

Eles não estavam em segurança. Głowiński, a mãe e uma tia — o pai estava escondido em algum outro lugar de Varsóvia — estavam se escondendo em um sótão. O espaço era vazio e estava caindo aos pedaços: as paredes estavam manchadas de mofo, a eletricidade tinha sido cortada e não havia aquecimento, "apenas um fogão de ferro fundido com um longo cano, que servia de forno [...] Não havia mobília a não ser dois bancos", os três dormiam em colchões de palha.[46]

O menino estava jogando xadrez sozinho e contra si mesmo — no gueto ele tinha um jogo de xadrez e um livro descrevendo as partidas jogadas pelos grandes mestres do esporte, no sótão ele tinha as mesmas peças de madeira e um tabuleiro de xadrez, mas nenhum livro — quando alguém bateu imperiosamente à porta. Não era o zelador. Era um estranho, "um jovem vestido elegantemente, de acordo com a moda da época da ocupação". O estranho declarou que sabia quem eles eram e que entregaria os três aos alemães, a menos que fosse subornado para ficar quieto. Eles não tinham dinheiro nem objetos de valor. O pai de Głowiński, no entanto, possuía "um pouco de dinheiro e algumas joias, que guardava para uma emergência [...] Depois de uma longa negociação, ficou decidido que [a tia]" contataria o pai e voltaria com o pagamento.[47] Enquanto isso, Głowiński e sua mãe permaneceriam no sótão como reféns.

Silêncio. Uma longa espera. O chantagista permaneceu sentado calmamente em um dos bancos. Głowiński sentou-se em um colchão, o olhar vago, o tabuleiro de xadrez à sua frente. Sem "condições emocionais para jogar de forma sensata", ele moveu as peças de uma maneira desorganizada e sem lógica. "Em determinado momento [...] o *szmalcownik* [chantagista]", entediado, propôs que os dois jogassem. A "partida de xadrez [...] contra o *szmalcownik* — ou melhor, contra a morte, que nesta ocasião tinha assumido a forma não de um esqueleto com uma foice, mas sim de um homem forte, com um bigode maroto" — nunca foi concluída.[48] A tia voltou.

Depois que o *szmalcownik* foi embora — ele saiu emburrado e descontente com o que tinha conseguido —, era óbvio que o trio não poderia mais ficar no sótão. "O local tinha sido exposto, ou como as pessoas diziam naquela época, 'queimado.'" Eles não podiam "presumir ingenuamente que o *szmalcownik* não voltaria", nem podiam "descartar a possibilidade de ele voltar com um amigo e todo o problema se repetir". Estava muito perto do toque de recolher obrigatório para que saíssem naquele momento, mas no dia seguinte, assim que o toque de recolher acabou, eles partiram. A mãe e a tia levaram pequenas trouxas, Głowiński levou o seu jogo de xadrez. "Iniciava-se uma nova etapa de fuga da morte."[49]

***

Um dia sombrio em dezembro de 1943. Durante a maior parte do ano, Głowiński e a mãe se esconderam em uma aldeia, mas o esconderijo tinha se tornado perigoso demais, e eles voltaram para Varsóvia. Por um curto período, ficaram com os Bobrowski, que abrigavam judeus por um preço alto. Era uma solução temporária, e sua mãe estava tentando encontrar um esconderijo a longo prazo. "Procurar até mesmo o pior quarto para uma mulher judia com um filho não era, compreensivelmente, uma tarefa simples, mas finalmente eles conseguiram. Encontraram um lugar!" Eles seriam "instalados em um porão de uma *villa* habitada, porém inacabado".[50] Precisavam aparecer no horário combinado, logo após o término do toque de recolher.

E assim eles seguiram. Aquele porão "tornou-se uma tremenda esperança, embora não houvesse, naturalmente, nenhuma garantia de que fosse um refúgio seguro". Quando chegaram ao destino, movendo-se pelas ruas de uma maneira que não chamasse a atenção, viram "algo que os atordoou completamente": uma *villa* destruída pelo fogo — "uma *villa* onde o fogo havia sido apagado há pouco tempo, um fogo comum, natural, que não tinha nada a ver com a guerra e com a ocupação, um fogo que poderia ter surgido em tempos pacíficos e sem complicações. Os bombeiros tinham acabado de sair de lá".[51]

Para onde eles iriam? Contatar a família em Varsóvia já tinha se provado uma tarefa difícil, não havia como se comunicar com os amigos poloneses que os estavam ajudando, e o pai estava agora em Kielce, empregado como trabalhador, usando uma identidade falsa de não judeu. Eles ficaram escondidos no porão por várias horas, até que o dono veio alertá-los e instruí-los. Tinham sido vistos e precisavam partir imediatamente. Voltaram aos Bobrowski, tocaram a campainha e imploraram: "ser deixado nas ruas antes do toque de recolher obrigatório era uma sentença de morte certa." Relutantemente, Pani Bobrowski permitiu que entrassem. "Os acontecimentos daquele dia horrível nos levaram de volta ao ponto de partida."[52]

A mãe ficou apenas alguns dias, o menino ficou cerca de uma semana. Foi ali que Głowiński precisou se separar da mãe pela primeira vez, separação que durou até o fim da guerra. Foi "um choque terrível".[53]

***

Havia uma busca desesperada por um lugar onde o rapaz pudesse passar algumas noites. Coube a outra tia, Maria, a irmã mais nova de sua mãe, lidar com essa "situação muito problemática. [...] De todos os membros da família que estavam se escondendo, ela era a que circulava mais livremente pelo lado ariano. Ela tinha o que então se chamava de "'boa aparência', que não era apenas um privilégio, mas [...] uma dádiva divina. [...] As pessoas com boa aparência não chamavam a atenção, conseguiam se misturar com a multidão, e para elas era mais fácil fingir ser quem não eram. A aparência de Maria era requintada, ela era uma loira atraente que parecia ter nascido em um endereço nobre, em vez de em uma família de comerciantes judeus".[54]

Głowiński não conseguiu traçar a cronologia de seus "miseráveis vai e vens" no lado ariano, mas ele se lembrava vividamente de um episódio curto, que não durou mais de quinze minutos e aconteceu em algum lugar no centro de Varsóvia. Maria tinha que fazer uma ligação. Os dois "entraram em uma pequena padaria, onde ela pensou que havia um telefone [...] Não havia". Então ela decidiu deixar o rapaz sozinho por alguns minutos. Comprou um doce para ele, levou-o à mesa menos visível, em um canto escuro, e disse que "voltaria [...] assim que tivesse completado a ligação". Ela disse a mesma coisa à mulher que os serviu, que provavelmente era a dona da loja. Havia apenas cinco mesas e pouquíssimos clientes. O menino sentou-se em silêncio, como um rato, e "nada estava acontecendo". Ele comeu o doce. As mulheres estavam conversando. Depois de alguns minutos, porém, ele percebeu que estava sendo observado:

> As mulheres, talvez vendedoras, talvez clientes, reuniram-se em torno da dona, sussurrando e me observando atentamente. Partes de sua conversa chegaram até mim [...] Eu ouvi: "Um judeu, não há dúvida, é um judeu." "Ela claramente não é, mas ele é judeu". "Ela jogou o garoto para cima de nós". As mulheres deliberaram: o que deviam fazer comigo? A dona da loja abriu a porta que levava à sala dos fundos, onde provavelmente ficava o forno, e gritou "Hela! Hela, venha ver". E depois de algum tempo Hela apareceu em um avental coberto de farinha [...] Talvez ela fosse [...] uma especialista em questões raciais. [...] Mais um par de olhos penetrantes começou a me examinar.

Com a curiosidade agora aguçada, as mulheres se aproximaram da mesa onde o menino se sentava e começaram um interrogatório.

> A primeira queria saber o meu nome. Eu tinha documentos falsos, decorei a minha identidade, e respondi de maneira educada. Outra [...] queria saber qual era a minha relação com a mulher que me levou até lá. Eu respondi novamente, dessa vez com a verdade. [...] Elas continuaram a me encher de perguntas. O que os meus pais estavam fazendo? De onde eu era? Onde estive recentemente? Para onde eu estava indo? [...] e

assim por diante. [...] Àquele ponto eu tinha parado de responder, só de vez em quando [...] murmurava um "sim" ou um "não". Prestei atenção não apenas às perguntas dirigidas a mim, mas também aos comentários [...] ditos por cima do ombro, como se devessem ficar entre elas, mas de tal forma que não pude deixar de ouvir [...] Na maioria das vezes elas cuspiam a temida palavra, "judeu", [e] também de forma ameaçadora elas repetiam: "Precisamos avisar a polícia."

Depois de cerca de quinze minutos, Maria voltou. Tinha tido dificuldade em encontrar um telefone e demorou mais do que havia previsto. Quando viu as mulheres reunidas em volta da mesa, "compreendeu imediatamente o que estava acontecendo".[55]

Em retrospecto, Głowiński acredita que as mulheres não eram "movidas por puro ódio ou ressentimento, em vez disso, temiam o problema que de repente havia caído em seus colos e estavam preparadas para fazer qualquer coisa — seja por qualquer meio ou a qualquer preço — para se livrarem dele o mais rápido possível".[56] Livrar-se do problema significava livrar-se do menino.

***

No início de 1944, Głowiński encontrou refúgio em um convento em Turkowice. Décadas mais tarde, ele soube que as monjas "tinham escondido e resgatado mais de trinta crianças judias — um número muito grande, improvavelmente grande, a cada sete ou oito crianças havia uma com origens que, se reveladas, equivaliam a uma sentença de morte".[57] O convento era isolado, localizado perto da fronteira oriental da Polônia. Deixado à própria sorte, não oferecia qualquer proteção contra as tropas alemãs ou contra a resistência ucraniana. No centro desse mundo quase hermeticamente selado estava a capela. Naturalmente, era o lugar mais importante para as freiras, mas era também o lugar mais importante para as crianças, incluindo Głowiński. Ele ia à capela frequentemente, encontrando o que de outra forma lhe escapava: certa paz e tranquilidade.

Em uma manhã de domingo de julho, o menino estava sozinho depois da missa, as outras crianças tinham se espalhado, umas indo para o rio próximo, outras para o bosque. Głowiński, com medo de se aventurar a qualquer distância do convento, circundava um espaço atrás da casa dos meninos que já fora um jardim, mas agora era uma "bagunça de plantas sem cuidado". De repente, os três irmãos Z. apareceram no local. Głowiński conhecia os garotos, embora não tivesse tido contato pessoal com eles. Evidentemente, ele raciocinou, eles também decidiram ficar para trás depois da missa. Os irmãos eram quase sempre vistos juntos, o mais jovem tinha a idade de Głowiński — quase dez anos — e o mais velho, cinco anos a mais. "Aquele jovem de quinze anos era claramente o líder da família, e os irmãos mais novos se submetiam a ele sem questionamentos, desempenhando os papéis que ele lhes atribuiu." Głowiński logo aprendeu quais eram esses papéis:

> Cercaram-me como se quisessem formar uma barreira e tornar impossível a minha fuga. [...] Eu não sabia o que estava acontecendo ou o que podiam querer de mim. Nunca tinha feito nada para eles. [...] O mais velho falou [...] "Sabemos que você é judeu. Os alemães estarão aqui amanhã. Nós vamos contar tudo, e eles vão dar um jeito em você."

Depois de todos os anos que se passaram, Głowiński chegou à conclusão que não podia ter certeza das palavras exatas usadas pelos meninos, no entanto, o significado ficou "gravado profundamente" em sua memória.[58]

Cara a cara com os irmãos Z., Głowiński ficou absolutamente imóvel, paralisado pelo medo, congelado, como se estivesse preso ao chão. (Durante anos, ele esperou encontrar uma descrição do medo que então experimentou, mas em vão. "Medo [...] surgindo das ameaças mais básicas", concluiu ele, "resiste à descrição.") "Convencê-los de que aquilo era um disparate, que eu não era judeu, teria sido inútil, só os irritaria e provocaria. Também não faria sentido pedir-lhes que não fizessem o que prometiam, argumentar que aquilo me prejudicaria e que, afinal, eu não tinha feito nada a eles. Teria sido uma admissão, e [...] uma admissão só daria motivos para os irmãos Z. prosseguirem entusiasmados com sua intenção. [...] Eu era jovem, uma criança, mas as ocorrências do destino já haviam me incutido a sabedoria de permanecer em silêncio quando falar não era uma necessidade absoluta."[59]

O que mais impressionou Głowiński foi a notícia de que os alemães chegariam no dia seguinte. O que ele deveria fazer? "Submeter-se passivamente ao destino?" Fugir? Por fim, ele começou a "procurar [...] febrilmente" pela Irmã Róża, preceptora de seu grupo. Pelo seu estado de nervos, ela sabia que ele tinha algo urgente a dizer. Mas não no corredor. Eles foram para um lugar chamado de sala de armazenamento ("O nome era uma questão de costume, uma vez que os objetos domésticos que [...] [seriam] armazenados ali estavam em falta.") Głowiński sentiu alívio, e a Irmã Róża disse-lhe para não se preocupar: "ninguém tinha dito nada sobre os alemães virem para Turkowice", e mesmo que eles aparecessem, os irmãos Z. não se atreveriam a fazer o que tinham dito que fariam. No final, algo surpreendente aconteceu:

> A Irmã Róża tirou do armário uma fatia de pão, untou-o com manteiga (notei que o restante era guardado em uma pequena panela de barro), e o entregou a mim, sugerindo que eu comesse ali, naquele instante. Ela não precisou insistir; naquela época havia uma fome cada vez maior no convento, o pão era repartido rigidamente e tinha se tornado objeto de um desejo incessante, e o gosto da manteiga já havia sido esquecido, talvez a sua existência tivesse sido esquecida. Aquele pedaço de pão era mais do que um simples pedaço de comida que satisfazia a fome, era um sinal de que ali havia pessoas que se importavam comigo [...] Naturalmente [...] eu [...] não estava convencido de que [os irmãos Z.] não fariam o que tinham ameaçado se os alemães invadissem o nosso convento.[60]

Nada disso ocorreu: os alemães não chegaram no dia seguinte, de fato, nunca mais apareceram em Turkowice.

Pouco tempo depois, "os primeiros ecos da frente de batalha, detonações e disparos repetidos" podiam ser ouvidos à distância. "O Exército

Vermelho entrou em Turkowice sem conflitos, uma divisão montou tendas em campos próximos que não estavam em uso." Durante vários dias, os soldados se deslocaram pela área, "estavam sujos e [...] exaustos, e enrolavam cigarros de tabaco com restos de jornais velhos". As freiras tinham esperado o pior: "sabiam como os bolcheviques tinham tratado o clero durante a revolução", mas nada aconteceu para confirmar o que elas temiam. Quanto a Głowiński, ele afirmou estar tão "intimidado e estupefato" que não conseguiu apreciar o significado dos eventos.[61] Ele não se lembra de ter se sentido triunfante por sobreviver à guerra.

***

Quando Głowiński chegou ao convento, ele já tinha frequentado brevemente dois internatos religiosos e tinha um conhecimento superficial do catolicismo. Os cerca de dezoito meses em Turkowice foram o único período de sua vida em que ele foi um "crente, profundamente devoto", encantado pelos rituais e pelas observâncias, pelos hinos e pelas imagens religiosas. Uma vez que voltou para casa, "a fé desapareceu tão depressa quanto tinha chegado". Anos mais tarde, ele refletiu sobre sua "religiosidade repentina". Durante a ocupação, ela não era o suficiente para dar a alguém como ele um sentimento de segurança, mas "a imagem de um Deus protetor e justo tornou possível [...] que ele se consolasse com o fato de que este mundo sinistro e abominável não era o único que existia". Ele também sonhava em "ser um acólito", como alguns de seus colegas de classe, e assim ter "um contato mais direto com Deus".[62] Mas isso não aconteceu, mesmo depois de seu batismo.

Só depois de completar um ano em Turkowice — e depois de sua mãe conseguir dar-lhe a permissão necessária — a cerimônia aconteceu. Nenhuma lição especial veio em seguida. Nenhuma era necessária: por razões de segurança, a madre superiora havia decidido que as crianças judias "poderiam participar de todas as práticas religiosas e [...] seriam tratadas como todas as outras crianças que pertenciam à Igreja Católica desde o nascimento". O ato propriamente dito aconteceu em uma tarde ensolarada na sala do padre, "não apenas sem divulgação, mas em segredo". A Irmã Róża levou-o para o chamado depósito para que trocasse suas roupas rasgadas do dia a dia por algo mais apropriado, que na verdade era um traje rústico que lembrava a década de 1920. Depois do rito, ele voltou ao armazém, sem ser visto, e devolveu o traje cerimonial. Até aquele momento, na primavera de 1945, "a exposição do fato" de que Głowiński era um "judeu que tinha [...] recebido o batismo e se tornado um católico [...] apenas em Turkowice já não era uma ameaça à sua vida".[63] Mesmo assim, se seus colegas de classe soubessem disso, teriam acusado-o e infernizado sua vida.

**

A mãe de Głowiński tinha aparecido em Turkowice alguns meses antes, em "um dia triste e sombrio de fevereiro". Ele estava sentado, como de costume, "passivo e sem expressão, em um banco de madeira duro", "ocupado fazendo nada e pensando em nada". Um dos rapazes entrou no quarto e avisou: "Sua mãe está aqui."

> Eu não reagi a essas palavras, não as levei a sério, elas falharam em me tirar da minha indiferença, em me fazer hesitar, ou em me arrancar do banco onde eu estava sentado. Supus que o menino estava me provocando e me enganando por motivos próprios, talvez apenas para me perturbar. Eu desconfiava de tudo e de todos, inclusive de afirmações que pudessem perturbar a rotina diária, tão estabilizada que já estava, de fato, ossificada. Eu sabia que a chegada de um membro da família, especialmente uma mãe, era um dos sonhos constantes dos meninos dali, uma fantasia irresistível até mesmo para os mais durões, para quem, ao que parece, todos os devaneios sentimentais eram alienígenas [...] Quanto a mim, eu tinha me tornado uma pessoa entorpecida [...] e provavelmente tinha perdido até mesmo a capacidade de fantasiar. Além disso, eu sabia que o mundo em que [...] uma vez vivi já não existia, e que atrás de mim havia um espaço vazio e o nada. Eu não pensei nesse mundo e não voltei ao passado, de uma forma estranha eu o expulsei da minha consciência, e minha existência estava limitada ao aqui e ao

agora. Também não pensei se algum dos meus familiares ainda estava vivo ou se voltaria a ver algum deles.[64]

Poucos minutos depois, a irmã Róża disse a Głowiński que sua mãe estava esperando por ele em um pequeno quarto que costumava servir como quarto de hóspedes.

Lá estava ela. Ele ficou "tão surpreso, tão incapaz de absorver o que estava acontecendo", que ficou sem palavras. Um ano e alguns meses antes, ser separado da mãe tinha sido um choque. E agora, o seu primeiro encontro depois de uma guerra da qual tinham "escapado milagrosamente" com vida "também veio como um choque, à sua maneira paralisante". Finalmente ele conseguiu pronunciar algumas palavras: "Mamãe, um piolho enorme está marchando na sua boina."[65] E essa, de fato, foi a primeira coisa na qual ele reparou.

Paradoxalmente, o piolho permitiu que ele controlasse a sua estupefação e "até certo ponto, trouxe uma situação extraordinária para o domínio do ordinário e do cotidiano", pois os insetos eram familiares para ele. Ele "lembrava-se dos insetos do gueto, e também não havia escassez deles em Turkowice": as baratas dominavam a cozinha, "percevejos e pulgas estavam por toda a parte, desenfreados, e os piolhos [...] desfrutavam de vidas confortáveis". Sua mãe, sem dúvida desconcertada — não era o que ela esperava depois de uma cansativa viagem de mais de duas semanas — imediatamente "tirou sua velha e terrivelmente puída boina e se livrou do inseto".[66]

Głowiński não sabia dizer exatamente como ele e a mãe se separaram novamente. Ela ficou apenas um dia, e o menino, sofrendo "com profundos furúnculos cheios de pus" em seu corpo, causados pela desnutrição, não foi capaz de acompanhá-la. Mas ele sabia que não estava dizendo adeus para sempre, e não se lembrava se tinha perguntado sobre o pai ou não. Ele não o via há mais de dois anos. Perguntou-se se tinha se esquecido da sua existência. Durante muito tempo, sua mãe não recebeu nenhum sinal de vida do marido, "ela sabia apenas que durante uma batida em Kielce ele tinha sido apreendido na rua e transportado para a Alemanha". Só mais tarde a família descobriu que ele havia sobrevivido, "quando a guerra acabou e cartas podiam ser enviadas e recebidas".[67] Perto do fim de 1945, ele voltou à Polônia.

A partida de Głowiński de Turkowice foi adiada duas vezes, devido ao seu estado de saúde. Depois de algum tempo, sua tia Maria apareceu, determinada a levá-lo com ela. A essa altura, ele tinha se recuperado um pouco, e eles partiram. "Não levei nem um minuto para arrumar a mala", ele não tinha coisas próprias, nem mesmo uma escova de dentes, que durante a guerra tinha se tornado um objeto desconhecido. O que ele precisava era de sapatos — no verão, andava descalço. Irmã Róża encontrou os sapatos que ele estava usando quando chegou ao convento. É claro que não serviam mais, mesmo assim, o rapaz enfiou seus "pés muito grandes" neles. Ele e a tia regressaram a Pruszków (um ponto de encontro para os membros da família que conseguiram sobreviver à ocupação) após uma difícil viagem através de Chełm e Varsóvia. A mãe estava à sua espera, e prontamente deu um banho no filho. "Foi uma limpeza intensa", removendo a sujeira que ele havia acumulado não apenas durante suas viagens recentes, mas durante longos anos. Ele se perguntou: "Terá sido apenas neste momento que a guerra e a ocupação acabaram para mim?"[68]

***

"Sem ter a intenção", observou Kluger, "acho que escrevi uma história de fuga, não apenas no sentido literal, mas no sentido pejorativo da palavra [...] Como posso", continuou ela, "impedir que os meus leitores se sintam bem com a deriva óbvia da minha história para longe das câmaras de gás e dos campos de extermínio e voltando-se para o período do pós-guerra, quando a prosperidade chamava?"[69] Głowiński não foi tão direto. No entanto, ele compartilhou a preocupação de Kluger de que sua audiência não conseguiria apreciar o "horror" dos eventos que ele estava lutando para trazer "de volta à vida".[70]

Kluger procedeu com exemplos negativos. Ela salpicava suas memórias com exemplos de pessoas que não ouviam, não queriam ouvir, pedindo que ela esquecesse o que tinha acontecido: o policial que, no fim da guerra, literalmente tapou os ouvidos; a prima americana que disse a Kluger para apagar o passado de sua memória. E depois houve aqueles que a escutaram, ou fizeram uma cena para mostrar que estavam escutando, como se ela tivesse imposto sua história, e eles estivessem, graciosamente, fazendo um favor ao ouvi-la. E os seus leitores? Fariam algo semelhante?

Głowiński tomou um rumo diferente. Se Kluger aconselhava o público a ouvir, ele pedia que seus leitores olhassem. Ele criou cenas tão claras, descreveu detalhes tão gráficos, que os leitores poderiam projetá-las por si mesmos. Será que eles desviariam o olhar?

3

"Hier ist kein warum" ("aqui não há 'por quê'"): Primo Levi

Em Monowitz-Buna — o campo satélite de Auschwitz para onde ele foi mandado em fevereiro de 1944 — Primo Levi tinha um pesadelo recorrente. Um grupo está reunido, sua irmã mais nova está lá. "Estão todos ouvindo", ao que parece. Ele fala sobre "a fome que sentimos e sobre como verificam se temos piolhos, e sobre o *Kapo* que batia" nele. "É um prazer intenso, [...] inexprimível, estar em casa, entre pessoas amigas, e ter tantas coisas para contar." Mas ele não pode deixar de notar que o seu público não o acompanhava. "De fato, são completamente indiferentes", conversam entre si como se ele não estivesse ali. A irmã olha para ele, "levanta e vai embora sem dizer uma palavra". Levi perguntava a si mesmo: "Por que isso está acontecendo? Por que a dor de cada dia é tão constantemente traduzida [...] em uma cena repetitiva de história contada e não ouvida?"[1]

De volta a Turim, depois de uma odisseia de nove meses ao norte, leste, oeste e finalmente ao sul, Levi se comparou ao livro de Samuel Taylor Coleridge, *A balada do velho marinheiro*. Ele compartilhava o impulso narrativo do personagem do livro, na verdade uma compulsão: o velho marinheiro conta sua história aos convidados do casamento quando eles chegam, e eles o desprezam. Levi relatava sua história para quem quer que encontrasse, incluindo estranhos em trens. Então ele pegou papel e caneta e escreveu seu primeiro livro. Até o fim da vida, Levi relutava em reconhecer que havia produzido uma obra literária.[2]

Os seus méritos não foram imediatamente apreciados. Natalia Ginzburg — uma conhecida escritora em ascensão — rejeitou publicá-lo pela Editora Einaudi. Ela julgou que o livro não se encaixava no catálogo da editora. Ou o momento em 1947 não era o correto para a publicação? Vários outros editores também recusaram o livro. Levi revisou, poliu e finalmente encontrou um lar para o trabalho intitulado É isto um homem?. Na década seguinte, pouco a pouco, o pequeno livro de Levi foi se estabelecendo, em 1958, a Einaudi voltou atrás na sua decisão e, a partir daí, publicou todos os seus trabalhos. Em 1961, foi feita uma edição de bolso em inglês, com o enganoso título *Survival in Auschwitz* [*Sobrevivência em Auschwitz*].

De volta a Turim, Levi instalou-se em um apartamento em Corso Re Umberto, onde nasceu, em 1919, onde, nos anos do pós-guerra, formou família; e onde, em 1987, se suicidou. Sua família era firmemente burguesa e secular. Como muitos de sua geração de judeus italianos, ele não tinha dado uma atenção particular à sua judaicidade antes de 1938, ou seja, antes da legislação antissemita de Mussolini. Até então, ele tinha considerado sua origem como um "fato quase insignificante, mas curioso, uma pequena e alegre anomalia, quase como [...] ter sardas". Até então, ele pensava em judeus como "pessoas que não tem árvore de Natal; que não devem comer salame, mas comem de qualquer maneira; que aprenderam um pouco de hebraico aos treze anos e depois se esqueceram da língua". Os seus colegas de classe cristãos eram, e continuaram a ser, educados, e "nem eles e nem os professores [...] dirigiram uma palavra ou um gesto hostil" a ele. Mesmo assim, Levi pôde sentir quando eles se afastaram, então se afastou também: "cada olhar trocado foi acompanhado por um pequeno, mas perceptível, flash de desconfiança e suspeita."[3]

Levi teve que enfrentar o problema de continuar os estudos. Ainda jovem, ele tinha decidido tornar-se químico. Em novembro de 1938, quando a maior parte das leis antissemitas entrou em vigor, ele estava no segundo ano da universidade — e era permitido que os judeus, nessa fase de sua educação, terminassem os cursos. Um estágio, crucial para a sua graduação, foi outra questão. Depois de ser rejeitado várias vezes, Levi encontrou um membro júnior do corpo docente disposto a aceitá-lo. E assim, durante os primeiros meses de 1941, enquanto "os alemães destruíam Belgrado, quebravam a resistência grega e invadiam Creta pelo ar", Levi se manteve fiel à sua tarefa de purificar o benzeno e se preparar para um futuro desconhecido, mas ameaçador.[4] Naquele mês de junho, quando os alemães começaram a invadir a União Soviética, ele recebeu seu título de doutor *summa cum laude*.

Durante os dois anos seguintes, Levi ganhou a vida com empregos estranhos, trabalhando ilegalmente sob um falso sobrenome não judeu. Em Milão, para onde o trabalho o levou, ele encontrou a militância antifascista e começou a sua própria educação antifascista. Durante o inverno de 1942 para 1943, com o desembarque dos Aliados no norte da África, a resistência soviética e finalmente a vitória em Stalingrado, "homens que o fascismo não tinha derrotado, advogados, professores e trabalhadores [...] saíram das sombras". Eles explicaram a Levi e a seus amigos que "o fascismo não era apenas um [...] governo [...] idiota e imprudente", que "não só arrastou a Itália para uma guerra mal feita e injusta", mas que foi "baseado na coerção dos trabalhadores, na lucratividade absurda daqueles que exploram o trabalho de outros, no silêncio imposto aos que pensam e não querem ser escravos, e em mentiras sistemáticas e calculadas". A sua educação foi interrompida. Diversos acontecimentos se seguiram: em março vieram as greves em Turim; em 25 de julho veio o colapso do fascismo, graças a uma intriga palaciana; "e depois veio o 8 de setembro, a serpente verde-acinzentada das divisões nazistas nas ruas de Milão e Turim, o despertar brutal. [...] A Itália era um país ocupado, como a Polônia, como a Iugoslávia, como a Noruega".[5]

Levi fugiu para as colinas de Piemonte, sua terra natal, com o objetivo de criar uma unidade afiliada ao movimento Justiça e Liberdade, de resistência não comunista. Não foi uma tarefa fácil: o grupo não tinha "homens capazes", e foi inundado por "um dilúvio de párias que, de boa e má fé, vieram [...] em busca de uma organização inexistente, comandantes, armas, ou simplesmente proteção, calor, um par de sapatos".[6] Em 13 de dezembro de 1943, Levi e seus companheiros se viram cercados pela milícia fascista. Tinham sido traídos. Levi conseguiu esconder o pequeno revólver que mantinha debaixo do travesseiro — em todo caso, ele não sabia bem como usá-lo. Seu interrogador o pressionou durante horas a fio. "Ele queria saber tudo. Ele ameaçou várias vezes me torturar" e me colocar na frente do pelotão de fuzilamento, "mas felizmente eu não sabia quase nada, e os nomes que sabia, guardei para mim. Ele alternava momentos de cordialidade simulada com ataques de raiva igualmente simulados [...] Ele disse (provavelmente blefando) que sabia que eu era judeu, mas isso foi bom para mim: ou eu era judeu ou eu era um rebelde; se fosse um rebelde, ele atiraria em mim; se fosse um judeu, tudo bem, havia um campo de coleta, eu permaneceria lá até a vitória final".[7] Levi admitiu ser judeu.

Em fevereiro de 1944, ele estava no trem para Auschwitz. Os onze meses de cativeiro deram-lhe o ímpeto e o material para a sua carreira de escritor, uma carreira que durante décadas acompanhou a de químico industrial. "Primo Levi, o escritor", disse ele, tinha "uma dívida com Primo Levi, o químico". Para ele, "a química não era apenas uma profissão, era [...] a fonte de certos hábitos mentais, sobretudo da clareza."[8] Ele viu no *Lager* (campo de concentração, em alemão: *Konzentrationslager*, ou KL) "uma gigantesca experiência biológica e social", e escreveu seus relatos com precisão e sem sentimentalismo.[9] Concentrou-se na própria experiência, não porque era sua, mas porque ajudava a explicar uma anomalia: a sua sobrevivência.

Lúcido e econômico, sim. Mas também sutilmente irônico. Note a primeira frase de *É isto um homem?*: "Tive a sorte de ser enviado para Auschwitz apenas em 1944."[10] (Era a mais pura verdade: àquele ponto, a escassez de mão de obra na Alemanha tinha levado os nazistas a prolongar a vida dos prisioneiros dos campos de concentração.) Essa descoberta inesperada — que era bom ser enviado para Auschwitz — salienta a pura arbitrariedade daquilo tudo. Levi não merecia o destino que teve — fosse bom ou ruim — mais do que ninguém. "Depois de voltar dos campos", escreveu ele, "recebi uma visita de um amigo mais velho, [...] um seguidor de sua própria religião pessoal [...] Ele ficou feliz por me encontrar vivo e, no geral, ileso [...] Disse-me que a minha sobrevivência não era resultado do acaso, [...] mas sim [...] do trabalho da Providência. Fui um dos eleitos, o escolhido: Eu, o não crente, menos crente ainda depois do meu tempo em Auschwitz, tinha sido salvo, tocado pela Graça."[11] Tal opinião parecia monstruosa para Levi. Se havia uma razão para escolherem justamente ele, era inadequada. "*Hier ist kein warum.*" ("Aqui não há 'por quê'"), ladrou um guarda de Auschwitz ao tirar um pedaço de gelo das mãos de um Levi morrendo de sede.[12] E Levi não se queixou, não ofereceu uma explicação clara ou elaborada. Com o tom irônico da frase inicial, ele começa uma mediação sobre sorte e boa fortuna, com toda a especificidade que isso exige.

"A DEMOLIÇÃO DE UM HOMEM"

Inverno, frio intenso. "*Wieviel Stück?*" perguntou o oficial da ss. "O cabo saudou inteligentemente e respondeu que havia 650 'peças', e que tudo estava em ordem."[13] As pessoas, 650 homens, mulheres e crianças, foram então levadas em vagões de carga. O mais velho tinha mais de oitenta anos, o mais novo, três meses de idade. Muitos estavam doentes, alguns muito debilitados, um homem idoso que tinha sofrido uma hemorragia cerebral recente foi arrastado até o trem. Ele morreu no caminho. Durante essa viagem de quatro dias, uma única parada diária dava aos prisioneiros a oportunidade de descer do trem e pegar punhados de neve. Eles ganhavam um pouco de comida: pão, geleia, queijo, mas nunca água ou qualquer outra coisa para beber.[14] Destino: Auschwitz, um nome ainda sem significado para Levi.

"O clímax veio de repente. A porta abriu com um estrondo. [...] Uma vasta plataforma apareceu, iluminada por holofotes. [...] Uma dúzia de homens da ss estavam parados em um canto, pernas afastadas, com um olhar de indiferença." Moveram-se entre os recém-chegados e "em voz baixa, com rostos de pedra", começaram a interrogá-los rapidamente "em um italiano ruim. [...] Quantos anos tinham? Estavam saudáveis ou doentes? E com base na resposta, apontavam para uma de duas direções diferentes". Noventa e seis homens e 29 mulheres foram selecionados para trabalhar. (Desses 96, apenas quinze sobreviveram, e das 29 mulheres, oito voltaram para casa.)[15] Os 526 restantes foram logo assassinados, sem nunca serem registrados como presos do campo de concentração. "Em um instante, as nossas esposas, os nossos pais e os nossos filhos desapareceram. Conseguimos vê-los por pouco tempo, como uma massa escura no fim da plataforma, depois não vimos mais nada."[16]

Levi e os outros homens foram enviados para Monowitz-Buna. Normalmente, os prisioneiros judeus trabalhavam para a ss, empresas privadas ou para o estado nazista. Nesse caso, seriam usados como escravos na IG Farben. No início da primavera de 1941, os prisioneiros de Auschwitz foram enviados para construir uma fábrica que produziria uma borracha chamada Buna. No início, eles dormiam no campo principal, e precisavam marchar por estradas enlameadas por várias horas todos os dias, indo e voltando do local de construção, a cerca de quatro quilômetros de distância. Os gerentes da IG Farben entenderam que essas caminhadas exaustivas eram a causa da baixa produtividade dos prisioneiros e exigiram um campo satélite ao lado da fábrica. No verão de 1942, começou a construção do campo de concentração Monowitz (ou Buna), que foi inaugurado três meses depois. No total, havia oito complexos na enorme fábrica da IG Farben. Alguns trabalhadores, "como os civis alemães, desfrutavam de condições consideravelmente boas"; outros, como os trabalhadores forçados da União Soviética, sofriam muito. "O KL, [...] o único complexo gerido pela ss, era o pior." E rapidamente cresceu em tamanho: no início de 1943, já tinha 3.750 prisioneiros, crescendo para aproximadamente 7 mil cerca de um ano depois. "A grande maioria — cerca de nove em cada dez — era judaica." No entanto, "apesar do investimento de centenas de milhões de pessoas no Reichsmark e do abuso de dezenas de milhares de trabalhadores escravos, o enorme complexo IG Farben [...] nunca foi concluído e não chegou a produzir nenhuma borracha sintética".[17]

A viagem de Auschwitz a Monowitz, feita em um caminhão, não durou mais de vinte minutos. Rapidamente, Levi estava em um grande quarto vazio. Um homem da ss entrou e perguntou: *"Wer kann Deutsch?"* Alguém deu um passo para frente para traduzir. "Devemos formar fileiras de cinco, [...] então devemos nos despir e agrupar nossas roupas de uma maneira específica, as roupas de lã de um lado, todas as outras do outro [...]; temos que tirar os sapatos, mas tendo cuidado para que não os roubem." Roubado por quem, Levi se pergunta. "E os nossos documentos, as poucas coisas que temos nos bolsos [...]? Todos nós olhamos para o intérprete, e ele pergunta ao alemão, e o alemão fuma e olha para além dele, como se fosse transparente, como se ninguém tivesse falado." Imagine, Levi dirige-se ao leitor, "um homem que foi privado de todos os que ama, e ao mesmo tempo de sua casa, de seus hábitos, de suas roupas, [...] em suma, de literalmente tudo [...] que ele possuía: ele se tornará um homem vazio, reduzido ao sofrimento e às necessidades, deixando de lado dignidade e moderação, pois aquele que perde tudo pode facilmente perder-se. [...] Faltam palavras à linguagem para expressar esta ofensa, a demolição de um homem".[18]

Depois, a "iniciação de verdade": Levi é tatuado. Ele torna-se o prisioneiro 174517. Os números relatam "as fases de destruição do judaísmo europeu". Para as velhas mãos do campo, diziam tudo: "Quando entraram no campo, a qual comboio pertenciam e, consequentemente, sua nacionalidade. Todos tratarão com respeito os números de 30000 a 80000: restam apenas algumas centenas deles e representam os sobreviventes dos guetos polacos [...] Quanto aos números mais altos, há algo essencialmente cômico sobre eles [...] O típico prisioneiro de número alto é um companheiro corpulento, dócil e estúpido, você pode fazê-lo acreditar que, na enfermaria, sapatos de couro são distribuídos a todos aqueles com pés delicados, e [...] pode enviá-lo para o mais feroz dos *Kapos* para perguntar-lhe (como aconteceu comigo!) se é verdade que ele é responsável pelo *Kartoffelschalenkommando*, o Comando de Descascar Batata, e se é possível se inscrever nele."[19]

Ritos e rituais precisavam ser aprendidos rapidamente. Eram muitos, complicados — e sem sentido. Por exemplo: "Todas as manhãs você tem que deixar a 'cama' perfeitamente plana e lisa, cobrir seus lamacentos e repulsivos sapatos com graxa de máquina e raspar as manchas de lama de suas roupas (tinta, graxa e manchas de ferrugem, no entanto, são permitidas). De noite você tem que passar pela inspeção de piolhos [...]; aos sábados, você tem sua barba e cabelo raspados e conserta suas roupas; no domingo, há uma verificação geral para doenças de pele e uma checagem do número de botões em sua jaqueta, que deve ser cinco." Havia também inúmeras proibições: "Dormir de casaco ou sem calças ou de touca; usar certos banheiros ou latrinas, que são *nur für Kapos* ou *nur für Reichsdeutsche*; não tomar banho no dia designado, ou tomar banho em um dia não permitido; sair do dormitório com o casaco desabotoado, ou com o colarinho levantado; usar papel ou palha por baixo da roupa para se proteger do frio; e realizar uma lavagem sem que esteja despido até à cintura."[20]

Depois havia uma série de coisas que, em circunstâncias normais, poderiam ter sido facilmente resolvidas, mas não no campo. Por exemplo: "Se você for à latrina ou ao banheiro, tem que levar tudo que é seu, sempre e para todo lugar, e enquanto você lava o rosto, suas roupas têm que ser seguradas firmemente pelos joelhos", caso contrário serão roubadas em um segundo; "se seu sapato estiver apertado, você tem que aparecer à noite na cerimônia da troca do sapato", isso testa a habilidade do indivíduo que, "em meio a uma multidão inacreditável, tem que ser capaz de escolher em um relance um (não um par, um) sapato que caiba em seu pé. Porque, uma vez que a escolha é feita", não pode haver uma segunda troca. E não se deve fazer pouco caso da questão dos sapatos. A "morte", escreveu Levi, "começa com os sapatos: para a maioria de nós, eles se tornam instrumentos de tortura, que depois de algumas horas de marcha causam feridas dolorosas que ficam fatalmente infectadas. Quem os tem é forçado a andar como se estivesse arrastando um peso com os pés [...], chega por último em todos os lugares, e onde quer que receba golpes [...] seus pés incham, e quanto mais incham, mais insuportável se torna o atrito com a madeira e o tecido dos sapatos. Então só resta o hospital, mas entrar no hospital com um diagnóstico de *dicke Füsse* [pés inchados] é extremamente perigoso, porque todos sabem, e especialmente a ss, que aqui não há cura para essa queixa".[21]

Quanto ao trabalho, é "um emaranhado de leis, tabus e problemas". Todas as horas iluminadas do dia eram horas de trabalho: de 8h às 12h e de 12h30 às 16h no inverno, e de 6h30 às 12h e de 13h às 18h no verão. A cada dois domingos, um era dia de trabalho regular; "nos chamados domingos de feriado, em vez de trabalhar em Buna", os presos costumavam trabalhar "na manutenção do campo, de modo que os dias de descanso real" eram extremamente raros. Divididos em cerca de duzentos *Kommandos*, com quinze a 150 homens cada um, supervisionados por um *Kapo*, os prisioneiros partiam de manhã para Buna e regressavam ao campo à noite. Havia "*Kommandos* bons e ruins", que, na sua maioria, eram usados para transporte, e o trabalho era duro, muito duro, no inverno. Havia "também *Kommandos* qualificados (de eletricistas, ferreiros, pedreiros, soldadores, mecânicos, empilhadores de concreto etc.), cada um anexado a uma oficina ou seção específica de Buna, e respondendo mais diretamente aos capatazes civis [...] A atribuição de indivíduos aos vários *Kommandos*" era "organizada por um escritório especial do campo, o *Arbeitsdienst*", que estava em "constante contato com a administração civil de Buna".[22] O favoritismo era claro.

As noites ofereciam pouco descanso. O companheiro de Levi — eram dois para apenas um beliche, e o beliche em si tinha pouco mais de dois metros de largura — "se envolvia no cobertor" que eles compartilhavam, empurrava Levi "para longe com um golpe de seus quadris ossudos, virava as costas [...] e roncava [...]". Levi lutava "para recuperar uma área razoável do colchão de palha": primeiro, costas com costas, ele empurrava a parte inferior das costas de seu companheiro de cama; depois, virava-se e usava os joelhos; finalmente, ele agarrava os tornozelos do outro homem e tentava movê-los para longe de seu rosto. "Deitado assim, forçado à imobilidade, com metade do corpo para fora do beliche", Levi caía em um sono tão leve que não conseguia bloquear os sons do "ir e vir dos prisioneiros que usavam o balde que ficava ao lado do guarda responsável pelo turno da noite". (A cada duas ou três horas os prisioneiros tinham que se levantar para eliminar as grandes quantidades de líquido que consumiam diariamente na forma de sopa). "Os antigos habitantes do campo refinaram os seus sentidos a tal ponto que, ainda nos seus beliches, eram milagrosamente capazes de distinguir se o nível do balde estava a ponto de transbordar, puramente com base no som que as laterais do balde faziam — para conseguirem, quase sempre, evitar esvaziá-lo." Então os candidatos ao serviço do balde eram os recém-chegados inexperientes. "Quando a necessidade nos leva ao balde, [...] o guarda da noite nos para, rabisca nosso número, entrega um par de tamancos de madeira, o balde e nos segue até a neve, tremendo e sonolento. É nossa tarefa ir até à latrina com o balde, que bate contra as nossas [...] panturrilhas; [...] inevitavelmente, com o tremor, um pouco do líquido derrama-se sobre os nossos pés."[23]

Dentro de quinze dias, Levi estava "no fundo do poço".

> O meu corpo já não é mais meu; minha barriga está inchada; os meus membros, macilentos; o meu rosto fica inchado de manhã e chupado à tarde; alguns de nós têm pele amarela, outros cinza. Quando não nos vemos por três ou quatro dias, mal nos reconhecemos.
>
> Nós, italianos, tínhamos decidido nos reunir todos os domingos num canto do campo, mas paramos rapidamente, porque era muito triste contar quantos éramos e descobrir que havia cada vez menos de nós e que estávamos cada vez mais desfigurados e desolados. E era tão cansativo andar aqueles poucos passos, e então, ao nos encontrarmos, nos recordaríamos e pensaríamos demais, e era melhor não o fazer.[24]

***

Como, então, Levi conseguiu sobreviver? Para ele, havia "dois grupos bem diferenciados" — os afogados e os sobreviventes. Afundar era a coisa mais fácil: era necessário simplesmente "obedecer todas [...] as ordens, [...] comer apenas as rações que recebia, manter a disciplina do trabalho e do campo. A realidade provou que muito raramente se sobrevivia mais de três meses dessa forma. Todos os *Muselmänner*" — o termo usado pelos antigos cronistas para descrever os fracos, os ineptos, os condenados à seleção — "têm a mesma história, ou melhor dizendo, não têm história [...] Uma vez que eles entravam no campo, eram sobrecarregados, seja por incapacidade básica, por infortúnio, ou por algum incidente banal", antes que pudessem se adaptar. "Eles não começam a aprender alemão" — Levi sabia que o alemão rudimentar que ele tinha aprendido quando estudante era um salva-vidas — "para desembaraçar o nó diabólico de leis e proibições até que seu corpo já esteja quebrando. [...] Sua vida é curta, mas seu número é infinito, eles, os afogados, formam a espinha dorsal do campo, uma massa anônima [...] de não homens que marcham e trabalham em silêncio, [...] já muito ocos para sofrer. Não parece certo defini-los como vivos, não parece certo chamar sua morte de morte — eles não têm medo dela, porque estão cansados demais para compreendê-la".[25]

Null Achtzehn — Zero Dezoito, o único *Muselmann* de quem Levi fala especificamente — é conhecido pelos três últimos dígitos do seu número de entrada, "como se todos soubessem que só um homem é digno de um nome, e que Null Achtzehn já não era mais um homem". Tirando isso, ele era jovem, muito jovem, o que por si só é um grave perigo. "Não só porque é mais difícil para os meninos do que para os homens suportar a fadiga e o jejum, mas, especialmente, porque é necessário um longo treinamento na luta de um contra todos para sobreviver." Em Auschwitz, esse é um "treinamento que os jovens raramente têm". Null Achtzehn nem chega a ser particularmente fraco, "mas não tem a intuição" de evitar o esforço excessivo. Então ele é aquele que trabalha mais do que todos, e é aquele com quem ninguém quer trabalhar. Ao pensar nele, Levi se lembra "dos cães de trenó dos livros de Jack London, que trabalham até o último suspiro e morrem na pista".[26]

Se os afogados não têm história, "e há apenas um único largo caminho para a perdição; os caminhos para a salvação são muitos, acidentados e inesperados".[27]

Algumas observações gerais. Prominenz era considerado o principal caminho para a sobrevivência. *Prominenten* era "o nome dado aos oficiais do campo, desde o [...] [prisioneiro sênior] (*Lagerältester*) até *Kapos*, cozinheiros, enfermeiras, guardas noturnos e até aqueles que limpavam os pavilhões, e ao *Scheissminister* e o *Bademeister* (superintendentes das latrinas e dos chuveiros)". Os judeus *prominenten* estavam entre os mais antissociais e insensíveis. Eles compreenderam que, se não fossem suficientemente cruéis e tirânicos, alguém, considerado mais adequado, assumiria seus postos. Além desses funcionários, havia o grande número de presos que precisavam "lutar todos os dias e todas as horas contra a exaustão, a fome e a inércia resultante", que tinham de resistir aos inimigos e não mostrar piedade pelos rivais, que tinham que "estrangular toda a dignidade e matar toda a consciência, para entrar na arena como um animal contra outros animais. [...] Conseguir sobreviver sem renunciar a nenhuma parte de seu mundo moral particular [...] era uma dádiva concedida apenas a alguns poucos indivíduos superiores, feitos da mesma essência de mártires e santos".[28]

Um exemplo impressionante: Alfred L. Seu verdadeiro nome era Alfred Fisch.[29] Antes da guerra, ele tinha sido "gerente de uma fábrica de produtos químicos extremamente importante, e seu nome era [...] conhecido nos círculos industriais de toda a Europa". Mas ele tinha chegado no campo — por volta dos cinquenta anos — "como qualquer outro: nu, sozinho e desconhecido". Quando Levi o encontrou, "ele estava definhado, mas seu rosto ainda conservava as características de uma [...] energia metódica; na época, seus privilégios estavam limitados à limpeza diária do tanque de sopa dos trabalhadores poloneses, esse trabalho, que ele tinha de alguma forma obtido como seu monopólio exclusivo, rendia meia tigela de sopa por dia. Certamente não era suficiente para saciar sua fome, mas ninguém jamais ouviu ele reclamar".[30]

O plano de sobrevivência de L. era "um plano de longo prazo, que é ainda mais notável porque foi concebido em um ambiente dominado por uma mentalidade do efêmero, e L. o executou com rigorosa disciplina interior, e sem sentir pena de si mesmo ou — por um motivo ainda maior — dos camaradas que cruzaram seu caminho. L. sabia que [...] em qualquer lugar, e especialmente no alinhamento de um campo, ter uma aparência respeitável era o jeito mais fácil de ser respeitado". Ele mantinha as mãos e o rosto perfeitamente limpos, "tinha a rara atitude de lavar a camisa a cada quinze dias, sem esperar pela mudança bimensal ([...] lavar uma camisa significava encontrar sabão, tempo, e espaço em um banheiro superlotado; treinar a si mesmo para vigiar cuidadosamente a camisa molhada, sem perdê-la de vista por sequer um momento, e vesti-la, naturalmente ainda molhada, na hora do silêncio, quando as luzes se apagam)"; até mesmo suas roupas listradas eram limpas e novas. "L. tinha adquirido [...] o [...] [olhar] de um *prominenten* muito antes de ter se tornado um." Só bem mais tarde Levi aprendeu "que ele só havia sido capaz de ganhar toda essa aura de prosperidade com uma tenacidade incrível, pagando por cada uma das suas aquisições [...] com pão da sua própria ração, impondo a si mesmo um regime de privações adicionais."[31]

A chance de L. surgiu quando o *Kommando* Químico foi formado. (Falaremos mais sobre isso adiante.) "Ele não precisava de mais do que as suas roupas arrumadas e de seu [...] rosto barbeado em meio ao rebanho de homens sórdidos e desleixados para imediatamente convencer o *Kapo* e o *Arbeitsdienst* de que ele era um dos genuinamente salvos, que tinha potencial para ser um *prominenten*, e assim [...] ele foi, naturalmente, promovido a 'especialista', nomeado chefe técnico do *Kommando*, e aceito pela gestão da Buna como um analista no laboratório do Departamento de Estireno. Posteriormente, foi nomeado para examinar todas as novas adições ao pessoal do *Kommando* Químico, a fim de avaliar a sua capacidade profissional. Ele [...] fez isso com extremo rigor, sempre em alerta para um possível rival."[32]

Levi nunca soube como a história de L. acabou. Acreditava que ele tinha escapado da morte e que ainda vivia a sua existência fria e sem alegria.

***

"Se estou vivo hoje", disse Levi, "devo tudo a Lorenzo."[33] Pedreiro altamente treinado, Lorenzo era um trabalhador escravizado. Em 1939, ele tinha sido empregado por uma empresa italiana que fazia negócios na França. Quando a guerra eclodiu, ele estava internado, e quando os alemães chegaram, ele e todos os seus colegas de trabalho haviam sido enviados para a Alta Silésia. Lá, viviam como soldados, alojados em quartéis, com os domingos de folga e uma ou duas semanas de férias, pagos com marcos, autorizados a se comunicar com a Itália, a enviar encomendas e a receber pacotes de roupas e de alimentos. Ele e Levi "pertenciam a diferentes ordens do universo nazista".[34]

Levi conheceu Lorenzo em junho de 1944. Um bombardeio tinha destruído um local onde ambos trabalhavam, danificado edifícios e também a maquinaria delicada que seria necessária quando — ou se — a fábrica de Buna entrasse na fase de produção. Os itens mais valiosos seriam, no futuro, protegidos por paredes de tijolo grosso. A equipe de Lorenzo foi encarregada da sua construção, e a equipe de Levi, do carregamento. Por sorte, Levi foi enviado para ser o ajudante de Lorenzo.

Era considerado crime um prisioneiro e um civil falarem um com o outro: o prisioneiro arriscava um julgamento por espionagem, o civil arriscava acabar como um prisioneiro de campo, embora por um período fixo de tempo. Levi avisou Lorenzo do perigo que corria, Lorenzo apenas "deu de ombros e não disse nada", era um homem de poucas palavras. "Ele não falou, mas compreendeu", escreveu Levi. "Dois ou três dias depois do nosso encontro, trouxe-me um balde de lixo da Divisão Alpina [...] cheio de sopa, e disse-me para trazê-lo de volta vazio antes do anoitecer. A partir daí, a sopa estava sempre lá, às vezes com um pedaço de pão. Ele me trouxe sopa todos os dias durante seis meses."[35]

Um crime ainda mais grave: Lorenzo enviou um cartão postal em nome de Levi. Levi teve a oportunidade de redigir uma mensagem "suficientemente clara" para a sua família, "mas tão inocente que não despertaria a atenção dos censores".[36] Lorenzo copiou-a, assinou seu próprio nome e enviou-a para a Itália. Dois meses mais tarde, Lorenzo trouxe a Levi "um presente extraordinário" — uma carta de casa, um "acontecimento inédito". Mesmo tendo feito tudo isso, Lorenzo "não pediu nem aceitou nenhum pagamento". Ele não achava "que alguém devia fazer o bem para ganhar uma recompensa".[37]

E graças à humanidade de Lorenzo, Levi "conseguiu não esquecer" que ele próprio "era um homem".[38]

***

Assim como L., Levi foi levado para o *Kommando* Químico. O *Kommando* 98, como o pelotão era conhecido, não tinha nada a ver com química no sentido de laboratório: era responsável por um transporte de carga pesada ligado a um armazém de cloreto de magnésio. No início de julho, Levi ouviu um rumor: eram necessários "especialistas" nas plantas de borracha sintética do campo. Levi viu ali uma oportunidade, mas, para se tornar um especialista, tinha que passar em um exame em alemão aplicado pelo dr. Wilhelm Pannwitz, do departamento de polimerização.

Levi foi levado para a sala:

Pannwitz é alto, magro e loiro, tem os olhos, o cabelo e o nariz que todos os alemães devem ter, e senta-se de forma formidável atrás de uma escrivaninha elaborada. Eu, prisioneiro 174517, estou em seu escritório brilhante, limpo e organizado, e parece-me que eu deixaria uma mancha de sujeira se tocasse em alguma coisa.

Quando acabou de escrever, levantou os olhos e olhou para mim...

O que todos nós pensávamos e dizíamos dos alemães podia ser sentido naquele momento, de forma imediata. O cérebro que governava aqueles olhos azuis e aquelas mãos bem cuidadas disse: "Esta coisa que está diante de mim pertence a uma espécie que claramente deve ser suprimida. Neste caso particular, preciso primeiro certificar-me de que não contém algum elemento útil."

O exame começa:

— *Wo sind Sie geboren*? — Ele usa *Sie*, a forma educada de se dirigir a alguém...

— Eu me formei em Turim em 1941, *summa cum laude*. — E assim que digo isso, tenho a impressão definitiva de que ele não acredita em mim. Nem eu acredito realmente em mim mesmo, basta olhar minhas mãos sujas cobertas com calos, minhas calças de prisioneiro cobertas de lama. No entanto, eu sou formado em Turin, na verdade, [...] mesmo depois deste longo período de ociosidade, [...] meu conhecimento de Química Orgânica responde com inesperada docilidade assim que é chamado. E, mais ainda, esse sentimento de euforia lúcida, essa excitação que sinto aquecer minhas veias, reconheço, é o sentimento febril dos exames, o sentimento febril que *eu* sentia quando fazia os *meus* exames, a mobilização espontânea de todas as minhas faculdades lógicas e de todo o meu conhecimento que meus colegas de classe tanto invejavam."[39]

O exame acabou, correu bem. No entanto, nada mudou.

O verão transformou-se em outono. Levi e os outros "químicos" arrastavam sacos de fenil beta. Com o início dos ataques aéreos, eles esvaziavam o armazém; quando havia uma pausa no ataque aéreo, eles colocavam os sacos de volta no armazém; depois, quando o armazém foi realmente atingido, eles arrastaram os sacos para o porão do departamento de estireno; e, finalmente, quando o armazém foi reparado, eles empilharam os sacos lá dentro mais uma vez. Durante todo esse tempo, o beta-fenil ficou debaixo da roupa, colando-se aos membros suados e comendo a pele. "Até agora", Levi observou, "as vantagens de estar no *Kommando* Químico foram limitadas ao seguinte: os outros receberam casacos e nós não, os outros carregam sacos de cimento de cinquenta quilos enquanto nós carregamos sacos de sessenta quilos de beta-fenil. Como podemos continuar pensando no exame de Química e nas ilusões daquela época?"[40]

***

Com o inverno chegando, Levi sentia que haveria uma seleção. Meses antes, os alemães tinham construído duas grandes tendas num espaço aberto do campo. Durante a primavera e o verão, cada uma delas abrigou mais de mil homens; agora as tendas tinham sido derrubadas, e esses homens foram amontoados nos pavilhões existentes. Levi e outros veteranos sabiam que os alemães não gostavam dessa desordem e que logo algo seria feito para reduzir os números.

"A atmosfera do campo e do canteiro de obras", escreveu Levi, "está saturada de *Selekcja*" — uma palavra híbrida, latina e polonesa. "Nas latrinas, nos chuveiros, mostramos uns aos outros os nossos peitos, as nossas nádegas, as nossas coxas, e os nossos camaradas nos tranquilizam: "Você vai ficar bem, com certeza não te escolherão agora [...] *du bist kein Muselmann*."

> Eu menti descaradamente ao velho Wertheimer: disse-lhe que, se o interrogassem, ele devia dizer que tinha 45 anos [...] Seria um absurdo dar esperanças a Wertheimer, ele parece ter sessenta, tem varizes enormes, e ultimamente mal percebe que sente fome. Mas ele se deita em sua cama, sereno e tranquilo, e responde com minhas palavras a quem faz perguntas; elas eram a palavra de ordem no campo naqueles dias. [...] Exceto pelos detalhes, eu os ouvi de Chaim, que estava no campo há três anos e [...] era incrivelmente confiante, então acreditei nele.[41]

O dia em questão é um domingo de trabalho. Às 13h, os prisioneiros regressam ao campo "para tomar banho, fazer a barba e a passar pela inspeção geral de doenças de pele e piolhos". Então o sino soa a sinalização de confinamento nos pavilhões. O *Blockältester*, o prisioneiro sênior do bloco, depois de certificar-se de que todos estão lá dentro, entrega a cada prisioneiro um cartão com nome, número, profissão, idade e nacionalidade e ordena que ele se dispa completamente, exceto sapatos. Em meio a gritos, xingamentos e golpes, os prisioneiros são empilhados no *Tagesraum* — uma pequena sala, de sete por quatro metros — que é o escritório do quartel-general. A porta entre o *Tagesraum* e o dormitório está trancada, as portas do *Tagesraum* e do dormitório que dão para o lado de fora estão abertas. Entre essas duas portas abertas estão o oficial da ss encarregado, o *Blockältester* e o supervisor do quartel.

> Cada um de nós, quando dispara, nu, para o ar frio do lado de fora do *Tagesraum*, [...] tem que correr [...] até os três homens, entregar o cartão para o oficial da ss, e voltar pela porta do dormitório. O oficial da ss, em [...] [um] segundo, [...] analisa a frente e o verso,

julga o nosso destino e, por fim, dá o cartão ao homem à sua direita ou esquerda, e isso significa a vida ou a morte de cada um de nós [...] Como todo mundo, passei por eles com um passo rápido e elástico, tentando manter minha cabeça erguida, meu peito estufado, e meus músculos retesados. De rabo de olho, tentei olhar para trás, e pareceu-me que o meu cartão ficou com o homem à direita.[42]

Em três ou quatro minutos, a seleção terminou.

Naturalmente, havia algumas irregularidades: "René, por exemplo, tão jovem, acabou à esquerda, talvez porque usa óculos, talvez porque anda meio inclinado, como alguém que é míope, mas mais provavelmente tratou-se de um simples erro." Também deve ter ocorrido um erro com "Sattler, um enorme camponês da Transilvânia que estava em casa há apenas vinte dias; Sattler não sabe alemão, não entendeu nada do que aconteceu".[43]

E assim, dessa forma arbitrária, os afogados e os sobreviventes foram, mais uma vez, escolhidos.

Naquela noite, de seu beliche no nível superior, Levi ouve e vê "o velho Kuhn rezando em voz alta, com seu boné na cabeça, o tronco balançando violentamente. Kuhn agradece a Deus por não ter sido escolhido".

> Kuhn está fora de si. Será que ele não vê, no beliche ao lado, Beppo, o grego, que tem vinte anos e vai para a câmara de gás depois de amanhã, e sabe disso, e está ali olhando para a luz sem dizer nada? [...] Kuhn não sabe que da próxima vez será ele? Será que Kuhn não compreende que o que aconteceu hoje é uma abominação, algo que nenhuma oração, nenhum perdão, nenhuma expiação por parte do culpado — nada que o homem possa fazer — pode curar?
>
> Se eu fosse Deus, cuspiria a oração de Kuhn no chão.[44]

**

O inverno estava chegando, assim como os russos. "Todos os dias soam as sirenes. [de ataque aéreo] [...] A usina de energia elétrica não está funcionando, as colunas de retificação de metanol não existem mais, três dos quatro gasômetros de acetileno foram explodidos." Certa manhã, o *Kapo* anuncia: "Doktor Pannwitz comunicou ao *Arbeitsdienst* que foram escolhidos três prisioneiros para o laboratório." Levi, um dos escolhidos, recebe um bilhete: "Prisioneiro 174517, como trabalhador especializado, tem direito a uma camisa e a cuecas novas, e deve ser barbeado todas as quartas-feiras." Com a devastada Buna "deitada sob a primeira neve, silenciosa e dura, como um enorme cadáver", Levi foi promovido.[45]

Ele subiu um grande degrau na escada do privilégio. No campo, à noite e pela manhã, nada distinguia os três especialistas do resto do *Kommando* Químico. Mas durante o dia eles trabalhavam em um laboratório, que, surpreendentemente, era como qualquer outro laboratório, com "três longas bancadas de trabalho ocupadas com centenas de objetos familiares". O que ele fazia podia ser chamado de trabalho? "Trabalhar", insistia Levi, "é empurrar carroças, carregar dormentes [de trem], quebrar pedras, cavar terra, agarrar com as mãos nuas o repugnante gelo do ferro congelado."[46] Ao passo que ele passava o dia todo sentado, tinha papel e lápis, e foi-lhe dado um livro para refrescar a sua memória sobre a análise química.

Levi foi duplamente privilegiado: escapou do inverno rigoroso, e pensava que o problema da fome não seria muito difícil de resolver. Ele pergunta de maneira retórica: "Eles vão realmente nos revistar todos os dias quando formos embora? E, mesmo que o façam, e quando pedimos para ir à latrina? Obviamente que não. E há sabão, gás, álcool aqui." Ele planeja "costurar um bolso secreto no interior [...] do casaco e fazer um acordo com o inglês [um prisioneiro de guerra] que trabalha na oficina e negocia gás. [...] Eu passei um ano no campo e sei que se alguém quiser roubar e se esforçar seriamente para fazê-lo, nenhuma busca ou supervisão podem impedir que isso aconteça".[47]

Privilegiado sim, mas também "repulsivo". Era isso que Levi imaginava que as jovens alemãs do laboratório pensavam dele.

Sabemos como somos: vemos uns aos outros e por vezes vemos o nosso próprio reflexo numa [...] janela. [...] Nossas cabeças são carecas na segunda-feira e cobertas por um curto bolor castanho-claro no sábado. Temos rostos inchados, amarelos, permanentemente marcados pelos cortes do barbeiro apressado, e muitas vezes por hematomas e marcas de feridas; os nossos pescoços são longos e nodosos, como frangos depenados. As nossas roupas são incrivelmente sujas, manchadas de lama, gordura e sangue [...] Os nossos tamancos de madeira são intoleravelmente barulhentos e estão incrustados com camadas alternadas de lama e esgoto [...] Estamos cheios de pulgas, e muitas vezes coçamo-nos sem vergonha, temos de ir à latrina com uma frequência humilhante.[48]

Levi considerava sua posição privilegiada "um presente do destino", mas não havia garantia sobre o dia seguinte. Ele podia ter certeza de uma coisa: "No primeiro pedaço de vidraria que eu quebrasse, no primeiro erro de medição, na primeira falta de atenção, eu voltaria a definhar na neve e no vento até que também estivesse pronto para a chaminé."[49]

JANEIRO DE 1945

Trabalhando no laboratório químico, Levi roubou objetos pequenos e incomuns e, "portanto, de alto valor comercial", que ele esperava trocar por comida. Pipetas — "tubos de vidro finos e graduados usados para transferir quantidades precisas de líquido de um receptáculo para outro" — serviam aos seus propósitos. Levi ofereceu o seu contrabando a uma enfermeira polaca designada para a enfermaria de doenças infecciosas. Como pagamento, um Levi desiludido recebeu apenas uma tigela de sopa meio cheia. "Quem teria deixado metade de uma tigela de sopa para trás? [...] Quase certamente alguém que estava gravemente doente e, dadas as circunstâncias, com algo contagioso." Naquela mesma noite, Levi compartilhou a sopa com Alberto, um amigo que descreveu como o seu "alter ego".[50]

Alberto e Levi tinham aproximadamente a mesma idade e altura, e até se pareciam um pouco. Seus "companheiros estrangeiros [...] consideravam desnecessário distingui-los", e "esperavam que quando gritassem 'Alberto!' ou 'Primo!', aquele que estivesse mais perto responderia".[51] Quando Levi foi escolhido para trabalhar no laboratório químico, Alberto foi o primeiro a parabenizá-lo, por causa de sua amizade e porque ele ganharia com isso. Os dois estavam "ligados por uma aliança muito forte, pela qual cada pedaço de comida 'arrumado' era dividido igualmente". E assim partilharam a sopa suspeita.

Poucos dias depois, Levi acordou com febre alta e mal conseguia engolir. Ele foi internado na enfermaria. Isso acabou sendo um grande golpe de sorte. Alberto, que teve escarlatina quando era criança, estava entre os mais de 50 mil prisioneiros levados para o oeste.

Cerca de 15 mil homens, mulheres e crianças do complexo abandonado de Auschwitz morreram durante a evacuação do início de 1945. Os prisioneiros privilegiados tiveram mais sorte: usavam sapatos e roupas quentes. Outros cambaleavam em trapos e tamancos de madeira, e logo desmaiavam. A doença e a exaustão podem ter sido os principais assassinos, mas o fuzilamento também contribuiu. Qualquer pessoa suspeita de tentar fugir poderia ser alvejada — até mesmo prisioneiros que tinham saído apenas para defecar à beira da estrada. As vítimas sofriam uma morte solitária, atingidas por balas da ss depois de terem saído da coluna principal. Os perpetradores geralmente não eram oficiais seniores da ss — a maioria dos oficiais locais de alto escalão já tinha fugido. A supervisão da marcha estava nas mãos dos subalternos, deixando para cada guarda a decisão de puxar ou não o gatilho.

"Na noite de 18 de janeiro", escreveu Levi, "Alberto veio, desafiando a proibição, para dizer adeus [...] da janela. [...] Não disse muito. [...] Não pensamos que ficaríamos separados por muito tempo. Ele tinha encontrado um par de sapatos de couro resistente em muito bom estado. [...] Estava alegre e confiante. [...] Era compreensível: podíamos sentir concretamente que aquele mundo que odiávamos **estava prestes a desabar.**" Como milhares de outros, Alberto morreu na marcha.

***

Levi ficou muito doente para andar pela neve. Ele estimou que [...] aproximadamente oitocentas pessoas foram deixadas para trás para esperar a chegada dos russos. "Com o ritmo da grande máquina do campo extinto, começaram para nós dias desconectados do mundo e do tempo." Essa fase final de sobrevivência, abandonado e sem proteção no amargo frio de janeiro, foi a única que Levi narrou com todos os detalhes. "Por uma razão tanto moral quanto estética, este foi o momento em que os nazistas [...] conseguiram quebrar o espírito até mesmo dos que resistiram até ali." E sem Charles e Arthur, Levi também teria sucumbido.

Esses dois não judeus franceses estavam no campo há menos de um mês e "quase não sofriam de fome". Os três uniram forças e formaram uma equipe de resgate.

Destacam-se quatro itens. Primeiro, o aquecimento. Quando o campo foi abandonado, a central de aquecimento também o foi. Do lado de fora, a temperatura estava na casa dos -20ºC; no interior, descia de hora em hora. Levi "sentiu-se doente e indefeso, [...] mas Charles era corajoso e robusto, e Arthur era astuto e tinha o bom senso prático de um camponês". Juntos, eles partiram "para o vento de um dia gelado e nebuloso, embrulhados em cobertores". Nas ruínas das cozinhas, eles acharam o que procuravam: "um pesado fogão de ferro fundido com o cano de combustível ainda funcionando." No caminho de volta ao quarto, encontraram lenha e carvão e brasas de casernas queimadas. Apesar de suas mãos estarem dormentes de frio e de o metal gelado estar grudando em seus dedos, eles conseguiram fazer o forno funcionar. E ele começou a irradiar calor.

Segundo: luz. Levi "foi à antiga clínica, à procura de algo que pudesse ser útil". Outros já tinham ido até lá: "tudo tinha sido esmagado por saqueadores inexperientes. Não havia uma garrafa intacta; no chão, uma camada de trapos, excrementos e curativos, e um cadáver nu e contorcido." No entanto, havia algo ali que tinha passado batido pelos saqueadores: uma bateria de caminhão. Levi "encostou uma faca em seus polos — uma pequena faísca. Estava carregada". Naquela noite, seu quarto teve luz.

Terceiro: comida. Havia uma distribuição de pão antes da partida da ss e, ao saquear as cozinhas em busca de um fogareiro, Levi e seus amigos haviam conseguido encher dois sacos com batatas. Quanto à água, derreteram neve, "uma operação tortuosa na ausência de grandes recipientes, e que produzia um líquido escuro e lamacento que tinha que ser filtrado". Depois, descobriram montes de couves e nabos. A próxima ordem de trabalho era fazer sopa. Havia o suficiente para os prisioneiros do quarto de Levi, que a "devoraram avidamente", mas não para "a multidão de mortos-vivos", que, quando souberam que estavam cozinhando sopa, "se reuniram em frente à porta".

Quarto: saneamento. Os outros habitantes do quarto de Levi — onze ao todo, um morreu antes da chegada dos russos e outros cinco, pouco depois da libertação — sofriam de escarlatina, tifo, difteria, todos altamente contagiosos. Levi não pensou que poderia simplesmente "ir para outro quarto, em outro pavilhão, com um risco menor de infecção". Ali, ele refletiu, havia calor, havia luz, havia uma cama e "laços que uniam [...] os pacientes [...] do *Infektionsabteilung*". No momento em que engoliram a primeira sopa, Levi começou a perceber como seria terrível deixar que eles "submergissem". Ele disse aos homens doentes, primeiro em francês, em seguida em seu "melhor alemão, que eles deviam [...] pensar em voltar para casa, e que [...] certas coisas tinham que ser feitas e outras, evitadas. Cada um [...] [deles] precisava cuidar da sua própria tigela e colher, não oferecer aos outros nenhuma sopa que pudesse ter restado, não sair da cama a não ser para ir à latrina, e quem precisasse de alguma coisa devia pedir" aos três. Levi "teve a impressão" de que os doentes "estavam muito desconectados de tudo para prestar atenção".

Levi pontuou sua narrativa de improvisação engenhosa com visões de "afogamento" — e seu próprio desespero.

> Apenas uma parede de madeira nos separava da enfermaria com os doentes disenteriais, onde muitos estavam morrendo ou já estavam mortos [...] Nenhum dos doentes tinha força suficiente para sair de debaixo dos cobertores para procurar comida, e aqueles que tinham levantado anteriormente não tinham voltado para ajudar os camara-

das. Em uma cama próxima à divisória, agarrados um ao outro para resistir melhor ao frio, havia dois italianos. Muitas vezes eu os escutava conversando, mas como eu só falava em francês, eles não notaram a minha presença durante muito tempo [...] [Então], por acaso, ouviram o meu nome, pronunciado por Charles com um sotaque italiano, e a partir daí nunca mais pararam de gemer e implorar.

Naturalmente, eu teria gostado de ajudá-los, dados os meios e a força, se não fosse por outra razão além de parar os seus uivos obsessivos. À noite, quando todo o trabalho fora feito, superava a fadiga e o desgosto e me arrastava para a ala deles, tateando meu caminho pelo corredor escuro e imundo, segurando uma tigela de água e o resto da sopa do dia. O resultado foi que, a partir de então, através da parede fina, toda a ala da diarreia chamava o meu nome, dia e noite, com o sotaque de todas as línguas da Europa, acompanhado de orações incompreensíveis. Não lhes pude levar nenhum alívio. Senti as lágrimas se formando, podia tê-las amaldiçoado.

Em 26 de janeiro, Levi escreveu as suas frases mais angustiadas:

Estávamos deitados num mundo de mortos e fantasmas. O último vestígio de civilização tinha desaparecido à nossa volta e no nosso interior. O trabalho de degradação animalesca, iniciado por alemães triunfantes, tinha sido concluído por alemães derrotados.

É o homem que mata, que cria ou sofre injustiça; aquele que compartilha sua cama com um cadáver, tendo perdido todo o seu espírito, não é um homem. Aquele que espera que seu vizinho morra para comer seu pedaço de pão está, embora sem culpa, mais distante do modelo do homem pensante do que [...] o sádico mais cruel.

Em 27 de janeiro, Levi avistou as primeiras patrulhas russas — quatro jovens soldados russos a cavalo "carregando metralhadoras. Quando chegaram às cercas", observou, "pararam para olhar e, com uma breve e tímida troca de palavras, voltaram os olhos [...] para a pilha de cadáveres, para os pavilhões em ruínas e para [...] os poucos seres vivos".

Eles não sorriram; pareciam oprimidos, não apenas por sentirem pena, mas por uma restrição confusa, que fechava suas bocas e fixava seu olhar na cena de luto. Era uma vergonha que conhecíamos bem, a vergonha que nos inundou depois das seleções e cada vez que tivemos que testemunhar ou nos submeter a um ultraje: a vergonha que os alemães não conheciam, e que o homem justo sente diante de um pecado cometido por outro. Perturba-o o fato de ela existir, de ter sido introduzida irrevogavelmente no mundo das coisas que existem, e de sua boa vontade não poder resolver nada, ou pouco, e ser impotente na sua defesa contra ela.

***

Com um material tão terrível, tão sem precedentes históricos, Levi precisava ser exato na recordação e na descrição dos acontecimentos. Ao mesmo tempo, a lembrança era *sua*, e ele tinha que se inserir no texto. Mas o aspecto terrível de sua história exigia uma reserva emocional, uma reserva que evitasse qualquer excesso, uma reserva que evitasse a autopiedade — uma reserva que beirava o autoanulamento.

HENRI TESTEMUNHA

"Henri" é relatado como um dos "salvos" de Levi. Levi escreveu: "ele tem apenas 22 anos" — na verdade tinha dezessete — "é eminentemente civilizado e são, [...] é extremamente inteligente, fala francês, alemão, inglês e russo":

> Henri tem [...] [um] corpo delicado e levemente andrógino [...]: seus olhos são escuros e profundos, ele ainda não tem barba, move-se com uma elegância natural e lânguida [...] [Ele] está perfeitamente consciente dos seus dons e explora-os com a competência calma de alguém que manuseia um instrumento científico.
>
> Como a vespa *ichneumon* que pode paralisar uma grande lagarta,

ferindo-a em seu único gânglio vulnerável, Henri dimensiona o sujeito, que faz o *tipo filho*, de relance. Fala com ele brevemente, na linguagem apropriada, e o *tipo* é conquistado: ele escuta com simpatia crescente, ele é movido pelo destino desse jovem infeliz, e não demora muito para que ele comece a produzir resultados [...]

Falar com Henri é útil e agradável. Às vezes se sente calor e proximidade; a comunicação, até mesmo o afeto, parece possível. Parece que vislumbramos as profundezas humanas dolorosas e conscientes da sua personalidade incomum. Mas no momento seguinte o seu sorriso triste congela numa fria careta, que parece praticada no espelho. Henri educadamente se desculpa, e lá está ele novamente, decidido em sua caça e em sua luta: fechado e distante, coberto por sua armadura, inimigo de todos, astuto e incompreensível, como a Serpente da Gênesis.

Levi sabia que Henri — seu verdadeiro nome era Paul Steinberg — tinha sobrevivido à guerra, mas não desejou contatá-lo.

Steinberg sobreviveu à evacuação de Auschwitz, à marcha para Gleiwitz, à viagem de três dias em um carro aberto — "era preciso subir pelos lados das ripas e tombar por cima" — juntamente com outros cem a 120 prisioneiros, uma viagem que terminou em Buchenwald. Quando a guerra acabou, ele retornou a Paris, seguiu uma carreira de negócios e formou uma família. Cinco décadas mais tarde, dez anos após a morte de Levi e pouco antes da sua, ele publicou um livro de memórias, *Speak You Also* [*Fale você também*, em tradução livre] — um livro marcado por brincadeiras estranhas, ironia autodepreciativa e sagacidade mordaz.

∗∗∗

"Eu não acredito na figura do herói inabalável", comentou Steinberg, "que suporta cada julgamento com a cabeça erguida, o durão que nunca cede. Não em Auschwitz. Se tal homem existe, eu nunca o conheci, e deve ser difícil para ele dormir com essa auréola na cabeça." Auschwitz, ele observou, produziu "uma variedade diferente de seres humanos, não mais *Homo sapiens*, mas 'homem do campo de extermínio'". Imaginou-se como um dos poucos que, com "a flexibilidade de um contorcionista", conseguiu se adaptar.

Olhando para sua infância, Steinberg percebeu que tinha tido "a vantagem de uma preparação intensiva e extensiva para a vida em um campo de concentração. Uma espécie de curso de imersão. Estava tudo ali: os contínuos deslocamentos e reajustes, a ausência de laços duradouros, [...] um ambiente hostil. Incapaz de contar com qualquer apoio externo", ele foi "treinado para o combate solitário."

Os fatos são estes: ele era o mais novo de três filhos de imigrantes russos, nascido em Berlim no fim de 1926. Sua mãe morreu no parto. A partir dos sete anos, "pulou de cidade para cidade [...], passou por Berlim, Sanremo, Juan-les-Pins, Paris, Barcelona" e, mais uma vez, Paris, foram "dez anos de perturbações". De volta à capital francesa, a família "brincou de dança dos apartamentos" até pararem no bairro de Auteuil; Steinberg "rodopiou" de escola a escola até entrar na sétima série da Lycée Claude-Bernard. Agora ele estava "preso entre dois mundos". Em casa, "o universo fechado dos refugiados russos". Eles comiam "uma grande quantidade de *borsch*, croquetes Pozharsky, *kasha*, pepinos Malassol e blinis de arenque, com caviar em ocasiões especiais". Escola, amigos, seus pais, esportes, estudos — muito pouco destes dois últimos. Ele era "naturalmente relaxado", trabalhando apenas quando queria ou quando gostava do professor. Mas era bom com línguas: "O alemão era [...] [sua] língua materna, por assim dizer," e o francês, seu "vernáculo", enquanto o inglês era a língua que ele falava com seu irmão, muito mais velho que ele, e que "estudava com sucesso na escola". Finalmente, o russo era a regra com [...] o pai, a irmã" e a (odiada) madrasta — ele estava "literalmente em casa quando falava a língua".

Mas como Steinberg conseguiu adquirir um conhecimento suficiente de química para trabalhar em um laboratório? Na Claude-Bernard, ele tinha tido um professor de Física e Química que, "por algum milagre, por meio de algum canal improvável", tinha "feito com que ele se interessasse por Química". Apenas por Química, ele era um "caso perdido" em Física. No caminho para Auschwitz, Steinberg teve a oportunidade de estudar mais.

Steinberg só foi preso em setembro de 1943. Obcecado por apostas, ele tinha passado o verão anterior na pista de corridas — há muito tempo havia parado de usar a obrigatória estrela amarela. Não tão obcecado, porém, a ponto de não prestar atenção às notícias. Ele notou que seu "círculo estava diminuindo"; ouviu sobre a rusga do velódromo de inverno — em julho de 1942, a polícia francesa prendeu 13 mil judeus em Paris, confinando-os, em condições terríveis, no recinto desportivo do velódromo de inverno, antes de enviá-los para Auschwitz. Ele tentou se esconder, mas as pessoas a quem pediu abrigo se recusaram a correr esse risco. Em 23 de setembro, dois polícias à paisana o alcançaram — "a carta do informante" foi "bem específica".

> Os tempos eram difíceis: a polícia não tinha carro, por isso fomos de metrô. Eles me explicaram que estavam armados e usariam suas armas se eu tentasse escapar. Eles não se preocuparam em me algemar. [...] Saímos na estação Odéon e eu tive [...] uma estranha inspiração. Perguntei aos policiais que me escoltavam se podia entrar na Librairie Maloine, uma livraria na rua da l'École-de-Médecine: eu ainda tinha um pouco de dinheiro sobrando de minhas apostas, e escolhi um livro de química inorgânica analítica [...] O livro viria comigo para Drancy, o campo de coleta na periferia nordeste de Paris, e em Auschwitz, onde foi confiscado, mas a essa altura eu já o sabia de cor.

Oito meses depois de sua chegada em Buna (mais sobre esses oito meses em breve), Steinberg, como Levi, foi convocado pelo dr. Pannwitz para fazer um exame oral.

> Ele perguntou qual era a minha idade.
> — Dezoito — eu disse, aumentando um pouco.
> — O que você estudou?
> Eu estava pronto. Um discurso preparado com antecedência e ensaiado vinte vezes. Disse-lhe que tinha sido o mais novo no meu ano a passar no exame de bacharelado, que era louco por química, que também tinha feito o exame de admissão no Institut de Chimie de Paris na rua

Pierre-Curie, que tinha passado de primeira com uma nota excelente em Química, uma nota média em Matemática e uma nota medíocre em Física (para fazer tudo parecer mais plausível) [...]

Ele me fitou com dúvida e disse:

— Bem, vamos ver, você é bom em química analítica. Diga-me algo sobre a química do crômio. Fechei os olhos e vi claramente a página sobre crômio no livro sagrado. Tão clara como uma foto. Comecei a listar a série de reagentes e precipitados de A à Z [...]

Ele levantou ligeiramente os óculos, e eu tive a sensação de que tinha conseguido.

— Tudo bem — disse ele. — Você pode ir.

Acontece que Steinberg só começou a trabalhar em um laboratório algumas semanas antes da evacuação. (Ele lembra-se de estar no mesmo laboratório que Levi, "mas isso com certeza está errado. A partir de suas descrições, fica claro que ele estava no laboratório do estireno.")

***

Levi encontrou Steinberg em certo momento no verão de 1944. O homem mais jovem estava em Buna desde outubro do ano anterior. Ele havia entrado no campo junto com outros 340 homens, dentro de três meses esse número havia sido reduzido em 40%; dentro de oito meses, em 60%; dentro de um ano, em 85%. A evacuação de Auschwitz reduziu os 15% restantes a um pequeno grupo de sobreviventes.

Uma série de doenças quase matou Steinberg — e também salvou sua vida. (Seu amigo mais próximo, Philippe, sucumbiu. Steinberg observou-o "derreter como um cubo de gelo".) Primeiro, feridas na perna, que mais tarde se tornaram úlceras, resultantes de chutes que recebera do *Kapo*. Depois, a hepatite, resultado da sua "má sorte" quanto à tatuagem. Alguém cujo sobrenome começava com R tinha o vírus da hepatite. Steinberg, juntamente com outros trinta ou quarenta homens, estava infectado, e talvez tenha sido o único a se recuperar. Em terceiro, a sarna, transmitida por seu companheiro de beliche. A coceira invadia todo o seu corpo, e à noite ele se arranhava, tirando sangue da pele sem perceber. Em seguida, a disenteria. "Quantas vezes," ele se perguntou, ele fez a viagem de volta ao campo com sua "mão direita presa" entre as "nádegas para evitar que a diarreia que estava drenando-o lentamente" escapasse para suas calças e corresse por suas pernas até chegar aos tamancos? "Na entrada do campo, precisávamos marchar em sincronia com a banda, olhos para frente e esfíncteres apertados." Então, por fim, erisipela. Ele disse que "deve ter chegado ao mesmo ponto em que Philippe estava antes [...] de sua morte". Ele podia ver, "refletida nos olhos de outras pessoas, a construção da imagem de um *Muselmann*. Um *Muselmann* cujo tempo estava acabando".

As doenças salvaram a sua vida? Como? Depois que a sulfa — uma droga da qual havia um suprimento limitado — provou ser eficaz na cura de suas erisipelas, seus "amigos médicos' decidiram escondê-lo no bloco dos convalescentes. ("Uma esplêndida aberração, [...] uma pequena ilha de paz" permitida pela ss na condição de seleções frequentes.) Graças à sua estadia de um mês, ele "lentamente recuperou suas forças e mudou de categoria", de pré-*Muselmann* para "prisioneiro aceitável".

Para Levi, a "entrada livre" de Steinberg na enfermaria foi o exemplo mais claro de seu talento para manipular pessoas. ("Os seus amigos [...] admitem sua entrada sempre que ele quer e com o diagnóstico que quer. Isso acontece principalmente logo antes das seleções, e em períodos de trabalho mais pesado: para hibernar, como ele diz.") Por sua vez, Steinberg afirmou "ter atuado em todas as áreas do circo: domador de leões, equilibrista, até mágico". E foi a mesma coisa ao lidar com o prisioneiro sênior do campo.

> Um trabalhador francês escravizado concordou em me enviar uma carta e, que choque, um mês e meio depois eu recebi um pequeno pacote de menos de um quilo, aberto e parcialmente revirado [...] Eu encontrei cubos de açúcar, uma lata de sardinhas, biscoitos e uma embalagem de barra de chocolate Meunier. Pensei muito e decidi investir os meus bens de forma produtiva.
>
> Visitei o *Lagerältester* [prisioneiro sênior do campo], disse-lhe que

tinha recebido um pequeno pacote e que [...] queria partilhar a minha sorte com ele. Eu estava perfeitamente ciente de que me comportava como uma puta, mas, ao mesmo tempo, sentia-me como um domador de animais selvagens entrando na jaula do tigre, armado com uma cadeira e um pedaço de carne.

Acariciei os bigodes do tigre.

Suponho que devo tê-lo surpreendido. [...] Ele protestou como um virgem nervoso, um virgem de noventa quilos, e então aceitou a lata de sardinhas, mas não sem insistir que eu pegasse uma salsicha em troca. Esse foi o investimento mais lucrativo que já fiz na vida, pagando dividendos esplêndidos.

Concluí que cada monstro tinha uma falha, uma fraqueza, que eu devia encontrar: este precisava ser lisonjeado, aquele tinha um instinto paterno reprimido ou a necessidade de confiar em alguém que se interessasse por ele.

Outros, ainda — e você deve tomar cuidado com eles —, adoram carne jovem e estão à procura de um objeto sexual. O campo era um mercado gigantesco de homossexualidade. Todos esses criminosos, ociosos e bem alimentados, foram privados de mulheres e fantasiavam sem parar.

Steinberg negou ter tido relações sexuais com outro homem, mas sua atitude não é totalmente convincente. É claro que o que aconteceu nos campos não diz nada sobre a intimidade entre pessoas do mesmo sexo e tudo sobre o poder sexual. Steinberg contornou essa questão, é o único tom de falsidade na sua autoavaliação impiedosa.

***

Outubro de 1944. Steinberg está em Buna há um ano. Ele se considera "um veterano, elegantemente vestido de acordo com a moda local", e é visto como "um homem influente, [...] que, pelo que dizem, tem protetores poderosos". No pavilhão, ele tem uma cama só para ele "perto da seção de elite", onde ficam os aposentos do prisioneiro sênior. Pediram "que, de manhã e à noite, ele desse uma mãozinha para ajudar a manter a ordem", fazendo dele um empregado honorário de um quarto do pavilhão, algo que lhe traz "certas vantagens materiais e alguma autossatisfação".

> Certa manhã, inspeciono a fila de camas sob minha responsabilidade para ver se estão bem-feitas e me encontro cara a cara com um velho que ainda está deitado no beliche do meio. É um judeu polaco já no fim de sua vida [...] Digo-lhe para sair dali e fazer a cama. Quando ele olha para mim e murmura em iídiche, tenho a impressão de que me desafia.
> Furioso, levanto a mão sem pensar e lhe dou um tapa. No último segundo, afasto-me, e minha mão passa raspando por sua bochecha [...]
> Vejo seus olhos [...] Olhos sem lágrimas nem repreensões. Só um piscar de olhos na expectativa de um tapa de uma mão. A minha mão.

Aquele incidente, escreveu Steinberg, o assombrou. "O contágio tinha feito o seu trabalho," e ele tinha encontrado o seu "lugar [...] naquele mundo de violência [...]".

* * *

A acusação de Levi contra ele faz uma aparição nas páginas do livro de Steinberg:

> Que estranho é ver seu eu de cinquenta anos atrás pelos olhos de um observador neutro e certamente objetivo. [...] Ele pintou um sujeito bem desagradável, uma pessoa quase sem coração, que ele achou amigável, é verdade, mas nunca quis ver novamente [...].
> E eu era assim mesmo, ferozmente determinado a fazer qualquer coisa para viver, pronto para usar todos os recursos que tivesse, incluindo um presente para inspirar simpatia e piedade.
> A coisa mais estranha sobre esse conhecido que parece ter deixado marcas tão permanentes na [...] memória [de Levi] é que não me lembro dele. Talvez por não ter achado que ele seria útil para mim? O que, acredito, confirmaria o seu julgamento.

Depois, Steinberg acrescentou, com "um forte sentimento de arrependimento [...] Primo Levi se foi. [...] Talvez eu pudesse tê-lo persuadido a mudar seu veredito sobre mim, mostrando que havia circunstâncias atenuantes".

CODA

No capítulo onze, Levi relatou uma conversa que mais parecia o relato de um sonho, cujo conteúdo era um fragmento do Canto XXVI do *Inferno* de Dante, o chamado Canto de Ulisses. O Ulisses de Dante não é o de Homero; não há provas de que Dante conhecia a *Odisseia*. Em *Inferno*, Ulisses permanece como o arquétipo viajante, determinado a aventurar-se onde nenhum homem ousou ir. Graças aos seus talentos retóricos, convence a tripulação a juntar-se a ele. Depois de anos de viagem, eles chegam às Colunas de Hércules, que achavam ser a borda da Terra. E tal como afirma a lenda, o desastre espera na forma de um redemoinho que afunda o navio.

A ocasião para a conversa foi esta: todos os dias, por volta do meio-dia, Jean, o Pikolo — o mais jovem do *Kommando*, que servia como mensageiro do *Kapo* —, recolhia a ração de sopa da cozinha. Para transportar a carga de cinquenta quilos, apoiada em duas varas, ele precisava de ajuda. Em um dia quente de junho, um dia que fez Levi pensar em uma praia no verão, Jean pediu a Levi que o ajudasse. Eles já se conheciam: durante um bombardeio dos Aliados, ficaram sozinhos em um pequeno abrigo e durante vinte minutos falaram dos seus estudos, das suas famílias e das suas mães. Foram buscar a ração a cerca de um quilômetro de distância de onde estavam. "Pikolo", escreveu Levi, "era experiente. Ele tinha escolhido o caminho de forma inteligente, para que pudéssemos fazer um percurso longo, caminhando por pelo menos uma hora, sem levantar suspeitas" e livrando-nos de carregar um pote pesado. Jean, que era da Alsácia e falava francês e alemão com igual facilidade, conhecia um pouco de italiano e estava ansioso para aprender mais. Levi estava ansioso para ensinar.

O Canto de Ulisses, sabe-se lá por que, veio à mente de Levi. "Jean presta muita atenção [...] Ele é inteligente, ele vai entender. Ele *vai* entender." Levi explica quem é Dante, o que é a *Divina Comédia*, como se divide o seu inferno. Levi recorda estrofes, para, tenta traduzir. "Desastroso, pobre Dante e pobre francês! Mesmo assim, a experiência parece ser um bom augúrio." Então, nada, um buraco na memória de Levi. Outra estrofe, outro buraco. Uma frase: "mas eu parti para o mar aberto."

"Mar aberto", "mar aberto", eu sei que rima com "deserto": "[...] e com a pequena companhia daqueles que nunca me abandonaram," mas já não lembro se vem antes ou depois. E também a viagem, a viagem imprudente para além das Colunas de Hércules, que tristeza, tenho que dizer em prosa: um sacrilégio [...].

O sol já está alto, o meio-dia está próximo. Estou com pressa, uma pressa terrível. Ouça, Pikolo, abra os ouvidos e a mente, tem que compreender por mim:

Pense com carinho na semente que lhe deu à luz:
não foram feitos para viver as vossas vidas como brutos,
mas para serem seguidores de valor e conhecimento.

Parece que eu, também, estava ouvindo essas palavras pela primeira vez: como o toque de uma trombeta, como a voz de Deus. Por um momento, esqueço-me de quem sou e de onde estou.

Pikolo implora-me que as repita. [...] Talvez, apesar da tradução débil e do comentário prosaico e apressado, ele tenha recebido a mensagem, ele tenha entendido que tem a ver com ele, [...] conosco em particular, e que tem a ver com nós dois, que ousamos falar sobre essas coisas com os bastões da sopa em nossos ombros [...]

Outras estrofes dançam na minha cabeça: "A terra chorosa deu um vento..." não, é outra coisa. É tarde, é tarde, é tarde, chegamos à cozinha, preciso terminar:

Três vezes deu-lhe a volta com as águas;

E no quarto, levantou a popa
para que a nossa proa mergulhasse profundamente, como é de agrado
[a um Outro.

Eu paro Pikolo no meio do caminho, é absolutamente necessário e urgente que ele ouça, que ele entenda [...] antes que seja tarde demais, amanhã um de nós pode estar morto, ou podemos nunca mais nos ver novamente. Devo dizer a ele, devo explicar sobre a Idade Média, [...] e algo mais, algo gigantesco que eu próprio acabo de ver, num instante de intuição, talvez a razão do nosso destino, o motivo de estarmos aqui hoje.

Eles tomam seus lugares na "fila da sopa, entre a multidão sórdida e espalhada de carregadores de sopa de outros *Kommandos*."[1] A declamação de Levi perde o rumo: sua intuição — o *insight* sobre um motivo, uma razão — é natimorto.

4

"Naturalmente": Imre Kertész

No dia 19 de março de 1944, as forças alemãs ocuparam a Hungria. Com a ampla visibilidade do resultado da guerra, o governo húngaro, agora ansioso por abandonar seu aliado de longa data, estabeleceu contato com as potências ocidentais. Hitler temia, com razão, que os húngaros tentassem imitar os italianos. (Os italianos tinham assinado um armistício com os Aliados em setembro de 1943; os alemães responderam com uma invasão.) A resposta de Hitler nesse caso também foi uma ocupação, o que, por sua vez, tornou possível a extermínação dos judeus húngaros.[1]

O antissemitismo não era novidade na Hungria. Em 1920, após o colapso de um regime bolchevique de curta duração e da consolidação de uma semiautocracia comandada pelo almirante Miklós Horthy, foi aprovada a lei *numerus clausus*, que restringia o número de judeus admitidos nas instituições de ensino superior. No fim da década de 1920, os elementos mais discriminatórios da lei foram revogados. Durante a maior parte da década seguinte — ou seja, até 1938, quando a Alemanha nazista, tendo dominado a Áustria, chegou à fronteira húngara — não foi promulgada nenhuma nova legislação antijudaica. Entre 1938 e 1941, a Hungria, graças ao apoio alemão e italiano, recuperou cerca de 40% dos territórios que tinha perdido após a Primeira Guerra Mundial e, com isso, viu o tamanho da sua população judaica aumentar, chegando a cerca de 800 mil pessoas. O antissemitismo, tanto por parte do público como dos políticos, cresceu rapidamente, provocando uma longa lista de restrições: quanto à presença de judeus nos negócios e no mercado de trabalho, quanto aos casamentos judaicos e quanto ao sexo extraconjugal entre judeus e não judeus. No entanto, antes da ocupação alemã, em comparação com os judeus de outras partes da Europa de Hitler, os húngaros tinham uma vida normal. Um jovem líder sionista, que chegou a Budapeste vindo da Eslováquia em janeiro de 1944, ficou espantado com o que encontrou: "Para mim, [...] aquilo parecia uma fantasia. [...] Os judeus que buscavam entretenimento ainda podiam visitar cafeterias, cinemas e teatros, enquanto na Polônia centenas de milhares de judeus estavam sendo aniquilados."[2]

Quando a Wehrmacht ocupou a Hungria, Horthy não reagiu e ordenou ao exército que não resistisse. A sua decisão de continuar como regente beneficiou os nazistas, que queriam manter uma fachada de soberania húngara — quanto mais maximizassem a exploração alemã dos recursos econômicos e militares da Hungria, mais fácil seria implementar a Solução Final. Para esse fim, um *Kommando* especial com cerca de 150 a 200 homens, organizado sob o comando imediato de Adolf Eichmann, acompanhou as tropas alemãs. Foi na Hungria que Eichmann, finalmente, teve a chance de testar sua eficácia em campo.

E ele prosseguiu a uma velocidade relâmpago, graças à ajuda entusiástica do governo húngaro. Poucos dias após a chegada de Eichmann, o governo adotou uma abordagem de isolamento e expropriação dos judeus. Um decreto inicial exigia que os judeus usassem a estrela de Davi, separando-os da população cristã; um segundo decreto, endereçado em confidência aos principais oficiais da *gendarmerie*, polícia e administração estatal, exigia a formação de guetos e a deportação. As técnicas utilizadas casavam com o plano de Eichmann e eram basicamente as mesmas em todo o país. Os líderes judeus em cada comunidade foram ordenados a fornecer listas com os nomes de todos os judeus, juntamente com seus endereços. Nas aldeias, vilas e cidades pequenas, as reuniões eram realizadas pela *gendarmerie*; nas grandes cidades, a polícia atuava em conjunto com os funcionários públicos locais. Depois de algumas semanas, os judeus colocados em guetos foram transferidos para centros de deportação, geralmente nos centros administrativos. A cada dia, três ou quatro trens eram programados para partir, e cada trem levava aproximadamente 3 mil judeus. Para garantir que o projeto de extermínio decorresse sem problemas, os peritos em "desjudicificação" dividiram a Hungria em seis zonas operacionais. Na zona um, Cárpatos-Rutênia e nordeste da Hungria, a deportação em massa começou no início do dia 15 de maio. Menos de dois meses depois, as deportações da quinta zona, oeste da Hungria e subúrbios de Budapeste, estavam completas. As agências húngaras e alemãs envolvidas eram precisas e recordistas. Em 15 de julho, Edmund Veessenmayer, ministro plenipotenciário de Hitler em Budapeste, informou a Berlim que 437.402 judeus tinham chegado ao seu destino, Auschwitz-Birkenau. Destes, aproximadamente 25% foram selecionados para trabalhar, o resto foi assassinado na chegada.[3]

Para se preparar para as 12 mil a 14 mil pessoas que chegavam por dia, a maquinaria de extermínio foi colocada em perfeitas condições. Com o propósito de fornecer uma ligação com a fábrica de morte, uma nova linha ferroviária — que se tornaria a imagem icônica de Auschwitz — foi estabelecida entre Auschwitz e Birkenau. Os crematórios foram renovados: os fornos passaram por uma revisão, as chaminés foram reforçadas com faixas de ferro e foram escavados fossos nas proximidades das câmaras de gás para queimar os cadáveres que estavam além da capacidade dos crematórios. Quando os primeiros transportes chegaram, a maquinaria de destruição estava pronta para assegurar uma operação regular, eficiente e contínua da linha de montagem numa escala nunca antes alcançada.

As províncias haviam sido esvaziadas de judeus, os de Budapeste eram os seguintes. Em 7 de julho, Horthy — soterrado com protestos de países neutros, do Vaticano e dos Aliados, que expressaram sua desaprovação com um ataque aéreo excepcionalmente pesado em Budapeste — ordenou que as deportações parassem. Sem o consentimento do regente e a colaboração das autoridades húngaras, Eichmann não podia continuar a planejar quaisquer operações de grande escala. Os judeus da capital já não estavam em perigo imediato.

Esse estado de relativa calma durou até 15 de outubro. Horthy tentou, publicamente — em vez de secretamente —, romper com Berlim, os alemães derrubaram a tentativa e obrigaram-no a se demitir e a transferir o poder para Ferenc Szálasi, líder do fac-símile húngaro dos nazistas, o Partido da Cruz Flechada. Foi desencadeado o terror contra os judeus em Budapeste, as deportações foram retomadas. O governo da Cruz Flechada deslocou — principalmente a pé — um total de 50 mil pessoas até a fronteira oeste do país ou até o Reich. Mais uma vez, os protestos de países neutros tiveram um efeito significativo. A Cruz Flechada gradualmente parou de realizar as marchas da morte e começou a organizar guetos em Budapeste. A libertação chegou logo depois do Exército Vermelho, em janeiro de 1945.

Aos catorze anos, Imre Kertész, filho de um empresário bastante rico, estava entre os 437.402 judeus enviados a Birkenau, embora mal se considerasse judeu. Anos depois, comentou: "A minha judaicidade é moldada pelo Holocausto. Eu não falo hebraico, não tive uma educação ou uma criação religiosa, não estou familiarizado com a filosofia judaica, [...] não sou religioso, nunca fui. A religião nunca significou nada para mim".[4] Kertész e pessoas como ele se sentiam como húngaros de "convicção israelita", ou, mais frequentemente, sem nenhuma convicção religiosa, mesmo em uma época em que leis antijudaicas não paravam de ser formadas, mesmo em uma época em que um grande número de húngaros mal podia esperar para se livrar dos judeus.

Kertész sobreviveu a Birkenau, sobreviveu a Buchenwald, depois a Zeitz, depois a Buchenwald de novo. (Ele morreu em 2016.) No fim da guerra, ele retornou a um país ocupado por tropas soviéticas e onde a influência comunista logo se tornou dominante. Seu pai estava morto, tendo sucumbido em um campo de concentração; o apartamento da família havia sido expropriado. Kertész precisava terminar o ensino médio — muitas vezes sentado ao lado de alunos para quem a guerra tinha sido uma aventura breve e emocionante em abrigos antiaéreos. Mais tarde ele tentou muitas coisas, incluindo trabalho manual, jornalismo, escrever libretos para comédias musicais e, finalmente, traduzir obras de Nietzsche, Freud, Wittgenstein e outros para a língua húngara. Olhando para os anos do pós-guerra a partir do ponto de vista de 2002, a partir do ponto de vista de uma pessoa que recebeu o Prêmio Nobel de Literatura, ele observou: "Se eu [...] analisar sinceramente a situação em que estava na época, tenho que concluir que no Ocidente, em uma sociedade livre, eu provavelmente não teria sido capaz de escrever o romance conhecido pelos leitores hoje como [Sem destino], o romance escolhido pela Academia Sueca para a mais alta honraria."[5]

Esse romance, publicado em 1975, levou treze anos para ser concluído. Mas por que Kertész chamou de ficção? Os críticos comumente se referem a Sem destino como um romance autobiográfico, e com razão. "Cada faceta da história", admitiu ele, "é baseada em fatos documentados."[6] O que é brilhante em seu trabalho, desde as primeiras frases, é sua simplicidade enganosa e o relato meticuloso de detalhes. Aqui está o trecho de abertura:

> Não fui à escola hoje. Ou melhor, eu fui, mas só para pedir permissão ao professor para tirar o dia de folga. Entreguei-lhe também uma carta em que meu pai pedia, por "razões familiares", que eu fosse liberado. O professor perguntou qual era a "razão familiar". Disse-lhe que meu pai tinha sido chamado para o trabalho manual, depois disso, ele não abriu mais a boca.[7]

Os leitores ficam mais alarmados que Gyuri, o protagonista de catorze anos. Na verdade, eles estão vários passos à frente dele, sentindo a força da preocupação e do medo. Assim como o professor, podem detectar a realidade que se esconde por trás de uma fórmula educada como "razões familiares" ou de um eufemismo como "ser chamado para o trabalho manual". A técnica narrativa de Kertész — irônica do começo ao fim —

exige que o leitor seja mais perceptivo e informado do que o protagonista.[8]

O que vemos no texto é a visão de Gyuri das coisas. Ele tem uma mente extremamente ativa, e essa atividade é dedicada a interpretar o que ele vê e ouve. Presume-se que ele não tem conhecimento prévio, que deve descobrir as coisas por si mesmo. Ele é apanhado, como disse Kertész, na "armadilha sombria da linearidade"[9]; tem que vivenciar tudo. Sem troca de linhas temporais para Kertész. O que é difícil ou impossível distinguir — como na frase inicial, "Eu não fui à escola hoje" — é a linguagem do narrador *agora*, num presente não identificado, da linguagem do protagonista, *antes*, no passado narrado.[10]

O que, afinal, significa o título *Sem destino*? No fim do livro, Gyuri, tendo regressado a Budapeste, encontra dois tios de criação. Ao conversar com eles, percebe tudo de uma vez, e com um flash de clareza:

> Já não podia me satisfazer com a ideia de que tinha tudo sido um erro, [...] algum tipo de engano, muito menos que nem sequer havia acontecido. [...] Eu quase implorei, quase disse que não poderia ter engolido aquela amargura idiota, que eu provavelmente era apenas inocente. [...] É sobre dar um passo depois do outro. Todos dão um passo depois do outro enquanto podem, eu também dei meus próprios passos, e não apenas na fila de Birkenau, mas antes disso, aqui, em casa.[11]

Capturar o passo a passo dos acontecimentos através do tempo: essa atitude, por si só, torna possível tomar posse da própria história, do próprio destino.

***

Em *É isto um homem?*, Primo Levi escreveu sobre *Muselmänner*, uma "massa anônima [...] de não homens que marcham e trabalham em silêncio. [...] Não parece certo defini-los como vivos, não parece certo chamar sua morte de morte, eles não têm medo dela, porque estão cansados demais para compreendê-la".[12] Em *Os afogados e os sobreviventes*, Levi elaborou: eles, os *Muselmänner*, eram a maioria que chegava ao fundo do poço. Eles "não voltaram para contar o que tinha acontecido, ou voltaram mudos. [...] Mesmo que possuíssem caneta e papel, [...] não podiam ter dado testemunho, porque sua morte já tinha começado antes mesmo do corpo perecer. Semanas e meses antes de morrerem, já tinham perdido a capacidade de observar, de recordar, de medir e de se expressar. [...] Mas são eles [...] aqueles que testemunharam tudo, são aqueles cujo testemunho teria tido um enorme significado".[13]

Em *Sem destino*, Kertész tenta dar seu testemunho sobre algo que é impossível de se testemunhar.[14]

"DEVIA TER APRENDIDO [...] SOBRE AUSCHWITZ"

Passaram-se dois meses desde que o pai de Gyuri fora chamado para trabalhar. O rapaz já não estava na escola. Os estudantes foram liberados, segundo as autoridades, para fazer parte da guerra que já estava em curso. Gyuri foi empregado em uma empresa em Csepel, a Refinaria de Petróleo da Shell. "Como resultado," ele "conseguiu, na verdade, uma espécie de privilégio, já que em outras circunstâncias, aqueles que usam estrelas amarelas estavam proibidos de viajar para fora dos limites da cidade." Ele recebeu "papéis legítimos, com o selo oficial do departamento de produção de guerra", o que lhe permitia "atravessar a fronteira aduaneira de Csepel".[15]

"Uma experiência um pouco estranha" — assim Kertész começa o capítulo em que relata a detenção de Gyuri.

> Levantei-me naquela manhã e fui trabalhar como sempre. O dia prometia ser quente, e como sempre o ônibus estava cheio de passageiros. Já tínhamos passado pelos subúrbios e atravessado a pequena [...] ponte [...] para a ilha Csepel [...] quando o ônibus freou abruptamente, e então eu ouvi, vinda do lado de fora, uma voz emitindo ordens, ordens que o motorista e vários passageiros transmitiram para mim, algo como "qualquer passageiro judeu que estivesse no ônibus deveria descer". Eu pensei comigo mesmo, sem dúvida eles querem verificar os papéis de

todos que vão atravessar a fronteira.

Na verdade, encontrei-me cara a cara com um policial na autoestrada. Sem que uma palavra fosse dita, imediatamente estendi meu passe para ele. Ele, no entanto, mandou que o ônibus seguisse com um rápido gesto de sua mão. Eu estava começando a pensar que talvez ele não entendesse a minha identificação, e estava a ponto de explicar que, como ele podia ver, eu estava designado para o trabalho de guerra, quando de repente a estrada ao meu redor se encheu de vozes e de meninos, meus companheiros da Shell. Tinham emergido [...] de trás [...] de um aterro. Acontece que o policial já os tinha apanhado nos ônibus anteriores, e eles estavam se matando de rir porque eu também tinha aparecido. Até o policial sorriu um pouco [...]; pude ver imediatamente que ele não tinha nada contra nós, nem tinha como ter, na verdade.[16]

O dia arrastou-se: uma longa espera por instruções. Os meninos — e também os adultos, que apareceram depois e com quem o policial era "menos cordial" — instalaram-se na alfândega. Por volta das 16h, a ordem chegou. Devíamos nos dirigir a uma "autoridade superior" para mostrar os nossos documentos. O policial afirmou, embora nada de específico lhe tivesse sido comunicado, que "na sua opinião aquilo não poderia ser mais do que uma espécie de formalidade superficial, pelo menos em casos tão claros e incontestáveis aos olhos da lei como, por exemplo, os nossos".

Colunas, organizadas em fileiras de três, uma ao lado da outra, voltaram de todos os postos fronteiriços da área para a cidade simultaneamente, como pude perceber enquanto estávamos a caminho. [...] Finalmente, percebi que estava marchando em meio a algo que, àquele ponto, já era uma coluna considerável, com a nossa procissão flanqueada de ambos os lados, em intervalos esporádicos, por policiais.

Procedemos dessa forma, espalhados por toda a estrada, durante muito tempo. Era uma bela tarde de verão, as ruas estavam preenchidas por uma multidão. [...] Eu [...] perdi meu senso de direção muito rapidamente, uma vez que estávamos atravessando principalmente ruas e avenidas com as quais eu não estava [...] familiarizado. [...] A única coisa da qual me lembro sobre toda a longa caminhada, na verdade, é a espécie de curiosidade precipitada, hesitante, quase furtiva do público nas calçadas ao ver a nossa procissão [...] — ah, e um momento subsequente, consideravelmente perturbador. Estávamos caminhando por uma avenida ampla e tremendamente movimentada nos subúrbios, com o ruído insuportável do tráfego ao nosso redor, quando em certo ponto, não sei bem como, um ônibus ficou preso em nossa coluna, não muito à minha frente. Fomos obrigados a parar enquanto ele passava, e foi então que percebi um súbito flash de roupas amarelas à minha frente, em meio à nuvem de poeira, barulho e fumaça de escapamento dos veículos: era "Traveler" [um dos rapazes]. Um único salto, e ele foi para o lado, perdendo-se em algum lugar na ebulição de máquinas e humanidade. [...] Eu vi um ou dois espíritos empreendedores fugirem da fila e seguirem seu rastro, bem à frente. Eu mesmo olhei ao redor, embora fosse mais para me divertir, se é que posso dizer assim, já que não vi nenhuma outra razão para fugir, embora acredite que teria havido tempo para fazê-lo, no entanto, meu senso de honra mostrou-se mais forte. Os policiais agiram imediatamente depois, e as filas novamente se fecharam à minha volta.[17]

Depois de caminharem mais um pouco, foram levados para "fazerem uma espécie de parada pelos pavilhões". Lá, uma "figura alta com uma presença dominante" ordenou que "todos os judeus" fossem levados "para o lugar onde, a seu ver, eles realmente pertenciam — os estábulos". Gyuri, perplexo com "as ordens indecifráveis que se seguiram, as ordens dadas aos berros, [...] não sabia para onde [...] ir". Ele "sentiu um pouco de vontade de rir, em parte por espanto e confusão, uma sensação de ter se metido em uma peça de teatro maluca" sem estar "familiarizado" com o seu papel.[18]

***

Tudo se tornou "claro apenas gradualmente, sequencialmente, [...]

passo a passo". E quando Gyuri "completava uma etapa que havia sido determinada", deixando-a para trás, a outra já estava lá.[19]

Poucos dias depois, ele e seus amigos estavam a caminho de Auschwitz-Birkenau. Eles não tinham conhecimento do seu destino. Disseram-lhes que "qualquer um que estivesse disponível para trabalhar" no Reich "poderia se apresentar". Também foram informados de que "a expedição teria que ser feita de uma maneira ou de outra" e que, na medida em que as listas não fossem suficientes, eles não teriam escolha. Gyuri achou a ideia de ir para a Alemanha "atraente".[20]

Atraente por quê? O que Gyuri sabia sobre os alemães?

> Muitas pessoas, particularmente as mais velhas com experiência na qual se basear, professaram que quaisquer que fossem as ideias que pudessem ter sobre os judeus, os alemães eram fundamentalmente, como todos sabiam, pessoas limpas, honestas, diligentes, com um gosto pela ordem e pela pontualidade e que apreciavam as mesmas características nos outros, o que, de fato, de um modo geral, correspondia ao que eu mesmo sabia sobre eles, e me ocorreu que, sem dúvida, eu também poderia tirar algum benefício de ter adquirido certa fluência em seu idioma durante o ensino fundamental. O que eu podia esperar do trabalho [...] era, acima de tudo, ordem, emprego, novas experiências e um pouco de diversão, em suma, um estilo de vida mais sensato e mais ao meu gosto do que o da Hungria, tal como [...] nós, rapazes, naturalmente imaginamos quando conversamos entre nós.[21]

E assim eles foram enviados em um trem de carga feito de vagões vermelhos como tijolo com portas trancadas.

Na manhã do quarto dia, Gyuri foi despertado por "uma agitação afobada e vibrante". Um minuto depois, o trem "passou por baixo de um arco que parecia fazer parte de um portal". Passado mais um minuto, o comboio parou. Do lado de fora, barulho, "pancadas, um bater de porta em porta, a confusão de passageiros saindo do trem". Em seguida, uma ferramenta bateu na porta do carro de Gyuri, e "alguém, ou melhor, vários alguéns, arrastaram a pesada porta para o lado".

Ouvi suas vozes primeiro. Eles falavam alemão ou alguma língua próxima disso. [...] Pelo que pude entender, queriam que saíssemos imediatamente. Mas, ao mesmo tempo, pareciam estar abrindo caminho entre nós [...] Então eles se aproximaram de mim no meio da confusão, e finalmente tive meu primeiro vislumbre daquelas pessoas. Foi um grande choque, pois, afinal de contas, esta foi a primeira vez que vi, pelo menos de perto, verdadeiros condenados, com uniformes listrados de criminosos, e com crânios raspados cobertos por bonés redondos [...] No peito de cada um deles, além do número de condenado habitual, também vi um triângulo amarelo. [...] Seus rostos não inspiravam, por assim dizer, confiança [...]: orelhas de abano, narizes proeminentes, olhos fundos e com um brilho astuto. Tal como os judeus, de todas as formas. Pareciam-me meio suspeitos e com um aspecto totalmente estrangeiro. Quando nos viram, notei que ficaram bastante agitados. Eles imediatamente se lançaram em um sussurro apressado, de alguma forma frenético, e foi quando eu fiz a surpreendente descoberta de que os judeus evidentemente não falam apenas hebraico, como eu havia suposto até agora:

— *Rays di yiddish, rayds di di yiddish, rayds di di yiddish?* — "Você fala iídiche?", era o que estavam perguntando.

— *Nein* — dissemos-lhes, os rapazes e eu também [...].

Então, de repente — achei fácil de entender, com base no meu alemão — todos queriam saber sobre nossas idades. Respondemos com "*Vierzehn*" ou "*Fünfzehn*", dependendo da idade de cada um de nós. Imediatamente, eles começaram a protestar veementemente, com as mãos, as cabeças, os corpos inteiros:

— *Sechzehn*! — resmungaram à esquerda, à direita e ao centro. — *Sechzehn*.

Fiquei surpreso e até perguntei a um deles:

— *Warum*?

— *Willst du arbeiten*? — Se eu queria trabalhar, perguntou ele [...].

— *Natürlich* — disse-lhe, lembrando que essa era a razão de eu estar lá, afinal. Ao ouvir minha resposta, ele não só agarrou meu braço com uma mão dura, ossuda e amarela, mas começou a sacudi-lo, dizendo que, se esse era o caso, "*Sechzehn*! [...] *vershtayst di*? *Sechzehn*!" Pude ver que ele estava exasperado, além do fato de que aquilo, como podia perceber, era obviamente muito importante para ele, e como nós, meninos, já tínhamos discutido isso rapidamente, eu concordei, de certa forma alegremente: tudo bem, então eu terei dezesseis anos.

Gyuri abriu caminho até a porta e deu um "grande salto para a luz do dia".[22]

Uma longa coluna foi formada, "composta apenas por homens, todos em filas organizadas de cinco", e avançou de forma constante. Adiante um banho os aguardava, mas primeiro uma "inspeção médica" estava reservada para todos os recém-chegados. A certa altura, "as filas de cinco pessoas transformaram-se em uma fila única"; ao mesmo tempo, eles eram informados de que deveriam tirar os casacos e as camisas, para se apresentarem despidos até a cintura. O ritmo "também estava acelerando".

> A inspeção em si deve ter durado cerca de dois ou três segundos. [...] O médico [...] olhou para mim [...] de cima a baixo, estudando-me com um olhar sério e atento. [...] Tive a oportunidade de observá-lo enquanto ele, descansando suas mãos enluvadas nas minhas bochechas, abaixou um pouco minhas pálpebras inferiores com seus polegares, do jeito que os médicos da minha cidade costumavam fazer. Enquanto fazia isso, num tom calmo, mas muito distinto, que o revelava como um homem culto, perguntou, embora quase como se não se importasse muito com a resposta:
> — *Wie alt bist du?* — Quantos anos você tem?
> — *Sechszehn*. — Dezesseis, eu respondi. Ele assentiu de maneira casual, mas parecia concordar que aquela era a resposta adequada, e não que era a verdade, pelo menos essa foi a minha impressão. [...] Senti que ele se solidarizou comigo. Então, ainda encostando na minha bochecha com uma mão enquanto indicava a direção com a outra, ele me despachou para o outro lado do caminho. [...] Os rapazes estavam lá à espera, exultantes, gritando alegremente. Ao ver aqueles rostos radiantes, compreendi, talvez, o que distinguia o nosso grupo do grupo que se encontrava do lado oposto: tivemos sucesso, se entendi bem.[23]

Ao fim do primeiro dia, Gyuri havia compreendido quase tudo: que "lá do outro lado do caminho, naquele mesmo momento, colegas passageiros [...] estavam queimando, todos aqueles [...] que na frente do médico tinham se mostrado inaptos devido à velhice ou a outras razões, juntamente dos pequenos e das mães que estavam com eles, e das mulheres grávidas"; que "eles também tinham ido da estação para os chuveiros"; que "eles também tinham sido informados sobre os ganchos, os números, e os procedimentos de lavagem, assim como" Gyuri e seus amigos. "Os barbeiros também estavam lá, foi o que disseram, e as barras de sabão foram distribuídas da mesma forma. Então eles também tinham entrado no banheiro, com os mesmos tubos e chuveiros, [...] só que por estes saíram não água, mas gás."

> De alguma forma, aquilo tinha certo tom de pegadinha, de um trote de estudantes. [...] Claro, eu estava bem ciente de que não tinha nada de engraçado naquilo, [...] no entanto, essa foi a minha impressão, e fundamentalmente — ou pelo menos assim eu imaginei — essa deve ter sido mais ou menos a maneira como aconteceu. Afinal, as pessoas precisavam se encontrar para discutir essas coisas, discutir ideias, por assim dizer, mesmo que não fossem exatamente estudantes, mas adultos maduros, muito possivelmente — na verdade, com quase toda certeza — cavalheiros em ternos luxuosos, com condecorações em seus peitos, charutos em suas bocas, presumivelmente todos do alto comando, que não deveriam ser perturbados em uma situação daquelas, foi assim que imaginei. Um deles pensa no gás, outro imediatamente acrescenta a ideia dos chuveiros, um terceiro, a do sabão, [...] e assim por diante. Algumas das ideias podem ter provocado discussões e revisões mais prolongadas, enquanto outras foram imediatamente saudadas com animação, os homens pulando (não sei por que, mas insisti na cena deles pulando) e batendo nas palmas das mãos uns dos outros — isso era muito fácil de imaginar, pelo menos no que me dizia respeito. A fantasia dos comandantes torna-se então realidade, e como eu tinha testemunhado, não havia lugar para dúvidas sobre o sucesso da pegadinha.[24]

Outra coisa impressionou Gyuri: que Auschwitz já existia há muito tempo. Ele ouviu dizer que o prisioneiro sênior do bloco vivia lá há quatro anos. Quatro anos, o que significa que Auschwitz estava em operação quando Gyuri entrou na escola primária. Ele recordou a cerimônia do início do período letivo.

> Eu também estava lá, com um uniforme azul escuro, trançado ao estilo húngaro. [...] Até prestei atenção nas palavras do diretor, sendo ele também um homem de presença distinta e, pensando bem, um tanto quanto dominante, com óculos severos e um majestoso bigode branco no formato de guidão. Ao encerrar, ele fez referência, lembrei-me, a um antigo filósofo romano, citando a sabedoria *"non scolae sed vitae discimus"* — "aprendemos para a vida, não para a escola". Mas, à luz disso, eu devia ter aprendido, durante todo aquele tempo, exclusivamente sobre Auschwitz. [...] Durante os quatro anos que passei na escola, não tinha ouvido uma única palavra sobre isso. [...] Agora eu teria que ser edificado aqui.[25]

Um exemplo: um *Vernichtungslager*, um campo de extermínio, era diferente de um *Konzentrationslager*, um campo de concentração. O primeiro era um autêntico centro de matança, o segundo mantinha uma população substancial de prisioneiros e escravos. (Auschwitz-Birkenau era ambos.) Na noite do quarto dia, Gyuri se viu novamente em um desses vagões de carga, agora familiares. O destino: Buchenwald, um campo de concentração ainda mais antigo que Auschwitz.

"EU GOSTARIA DE VIVER UM POUCO MAIS"

Gyuri esteve em Buchenwald por um breve período de tempo, o suficiente para registrá-lo em seus livros. Depois da saudação habitual — "banheiro, barbeiros, desinfetantes e uma muda de roupas" — outro preso, "um residente de longa data com cabelo", registrou o nome de Gyuri em uma grande lista e lhe entregou um triângulo amarelo, no meio do qual estava a letra U, de húngaro [*ungarisch*, em alemão], e também uma tira de tecido de linho com um número impresso, 64921. Em Buchenwald, os números não eram tatuados. "E se você estivesse [...] preocupado com isso e perguntasse a alguém sobre o assunto no banheiro, o velho preso levantava as mãos e, revirando os olhos em protesto, [dizia]: *"Aber Mensch, um Gotteswillen, wir sind doch hier nicht in Auschwitz!"* ("Pelo amor de Deus, homem, isto aqui não é Auschwitz.")[26]

Zeitz, o próximo destino de Gyuri, também não era Auschwitz, nem era Buchenwald. Não "passava de um campo de concentração rural [...] pequeno, medíocre e no meio do nada".[27] Em 1944, os campos satélites abrigavam a maior parte dos novos prisioneiros e, em janeiro do ano seguinte, o número desses campos era bem superior a quinhentos.[28] De acordo com Gyuri, "em qualquer lugar, até mesmo em um campo de concentração", começa-se "com boas intenções; [...] por um tempo, era o suficiente para se tornar um bom prisioneiro, o resto estava nas mãos do futuro".[29]

***

No seu primeiro dia em Zeitz, Gyuri conheceu Bandi Citrom. (Os seus amigos tinham sido enviados para outro lugar. Dos dezessete rapazes que saíram do ônibus com Kertész, ele foi o único a sobreviver.)[30] Bandi tinha sido recrutado assim que a Hungria entrou na guerra, em 1941. E como os judeus não estavam autorizados a portar armas, ele foi deportado para trabalhar nas minas da Ucrânia, em uma "companhia de punição. [...] Era preciso uma pá, um pedaço de arame, e força para arrancar algo de seu lugar" — era tudo o que ele garantia sobre o trabalho. Bandi tentou pegar Gyuri pela mão, incutir nele, ou arrancar dele, alguma prudência. O principal, Bandi insistiu, "era não se negligenciar".

> Aconteça o que acontecer [...] [precisávamos] nos lavar (parados em frente a filas paralelas de calhas com a tubulação de ferro perfurada, ao ar livre [...]). Igualmente essencial era uma repartição parcimoniosa das rações, quer houvesse ração o suficiente ou não. Seja qual fosse o rigor que essa

disciplina pudesse custar, uma parte da ração de pão tinha que ser deixada para o café da manhã do dia seguinte, e até mesmo um pouco — mantendo uma guarda indelével contra a inclinação de cada pensamento, e acima de tudo contra o instinto de levar a mão ao bolso — para o intervalo do almoço: dessa forma, e só dessa forma, você poderia evitar [...] o pensamento atormentador de que não tinha nada para comer. [...] Que o único lugar seguro para se estar na fila de chamada e numa coluna de marcha era sempre o meio; que mesmo quando a sopa estava sendo servida, seria melhor estar não na frente, mas no final da fila, quando, você previa, eles estariam servindo do fundo da cuba, e portanto do sedimento mais grosso; que um lado do cabo de sua colher poderia ser moldado em algo que se assemelhava a uma faca — todas essas coisas e muito mais, todo o conhecimento essencial para se viver em uma prisão, foi Bandi Citrom quem me ensinou.[31]

Inicialmente — durante um período que Gyuri e Bandi mais tarde apelidaram de "os dias dourados" — "Zeitz, com a conduta que exigia e com uma pitada de sorte, provou ser um lugar muito tolerável". Os prisioneiros, à disposição da Braun-Kohl-Benzin Aktiengesellschaft (Companhia de Petróleo da Lignite), foram designados para uma variedade de *Kommandos* — pás, forquilhas, instalação de cabos, misturadores de cimento, entre outros. Gyuri logo aprendeu a colocar o mínimo de esforço no manuseio de pás e forquilhas, e a dar quantas pausas fosse possível. Ele fez, pelo menos para ele, "um progresso considerável em tais táticas, [...] ganhando muita" experiência. Então, no final do dia, o anúncio de fim do expediente sinalizava a hora de voltar ao campo. Bandi espremia-se entre a multidão ao redor dos lavatórios com um grito: "Afastem-se, seus *Muselmann*!", e nenhuma parte do corpo de Gyuri "escapava de seu escrutínio. 'Lave o pinto também! É onde os piolhos dormem, diria ele,'" e Gyuri concordava "com uma gargalhada".[32]

Os dias dourados não duraram. Em pouco tempo Gyuri "foi perdendo o entusiasmo", "foi perdendo a motivação". A cada dia que passava, ele achava um pouco mais difícil se levantar, a cada dia ia para a cama um pouco mais cansado, tinha um pouco mais de fome, era preciso um pouco mais de esforço para andar. Gyuri estava "tornando-se um fardo" até para si próprio. E então ele viu o reflexo do próprio corpo.

> Eu nunca teria acreditado [...] que poderia me tornar um velho decrépito tão rapidamente. Em casa, isso demora, leva uns cinquenta ou sessenta anos, pelo menos; aqui, três meses foram suficientes [...] Minha pele estava caindo em dobras soltas, com icterícia e ressecada, coberta de todo tipo de furúnculos, anéis de cor marrom, rachaduras, fissuras, picos e escamas que coçavam desconfortavelmente, especialmente entre meus dedos. "Escabiose", Bandi [...] me diagnosticou com um aceno de cabeça confiante quando lhe mostrei. [...] Todos os dias havia algo novo para me surpreender, uma nova mancha, uma aparência desagradável nesse objeto cada vez mais estranho e cada vez mais alheio que já tinha sido meu bom amigo: o meu corpo. [...] Eu já não aguentava mais olhar para ele sem ter a sensação de estar em guerra comigo mesmo; [...] depois de um tempo, já não me importava em me despir para me lavar.

Gyuri tornou-se desleixado, e Bandi ficou preocupado com ele.

> Tomei consciência disso uma noite em que ele me levou ao banheiro. As minhas lamentações e os meus protestos não serviram de nada quando ele tirou minhas roupas com toda a força que pôde reunir; as minhas tentativas de socar o seu corpo e o seu rosto [foram] em vão quando ele esfregou água fria sobre meu corpo que não parava de tremer. Disse-lhe cem vezes que seus cuidados eram um incômodo para mim, que ele devia me deixar em paz, que devia [...] ir embora, porra. Será que eu queria morrer ali mesmo, será que talvez não quisesse voltar para casa, ele perguntou, e não tenho ideia de que resposta ele deve ter lido em meu rosto, mas, de repente, vi certa forma de consternação ou alarme em sua expressão, a mesma que geralmente enxergamos em [...] homens condenados ou, digamos, doentes com a peste, e foi quando a opinião que ele tinha expressado sobre os *Muselmann* cruzou minha mente. De qualquer forma, a partir daí ele começou a se afastar de mim.

Mesmo assim, Gyuri começou a encontrar "paz, tranquilidade e alívio".

> Se eu ficasse cansado enquanto estava na *Appell* [chamada], por exemplo, sem sequer checar se o chão estava lamacento ou se havia uma poça, eu simplesmente me sentava, abaixava e ficava lá, até que meus vizinhos me puxassem para cima à força. Frio, umidade, vento ou chuva já não me incomodavam. [...] Até a minha fome passou, continuei levando à boca qualquer coisa comestível na qual pudesse colocar as mãos, mas era quase um ato inconsciente, mecânico, por hábito, por assim dizer. Quanto ao trabalho, não me esforçava mais para fingir que estava fazendo alguma coisa. Se não gostassem, no máximo me bateriam, e mesmo assim não poderiam me fazer muito mal, já que, para mim, estaria ganhando algum tempo, no primeiro golpe eu me estenderia prontamente no chão e não sentiria nada depois disso, pois adormeceria.[33]

Bandi fez mais um favor: o joelho direito de Gyuri tinha se transformado em uma "bola vermelho flamejante" e doía muito — tanto que ele nem tentou chegar à enfermaria sozinho — e seu conhecimento do lugar, "por assim dizer, não aumentava" sua "confiança". Então Bandi e um companheiro de beliche, "formando um berço com as mãos, um pouco como se diz que as cegonhas carregam os filhotes para um lugar seguro", levaram-no até o local.[34]

Gyuri nunca mais viu Bandi. No fim da guerra, quando o procurou em Budapeste, soube que ele não tinha sobrevivido.

***

Da enfermaria, Gyuri foi transferido — jogado em um caminhão — para o recém-construído hospital em Zeitz. Um rapaz da sua idade foi atirado ao seu lado no beliche.

> O rosto amarelado e os olhos grandes e acesos me eram vagamente familiares, mas, pensando bem, todos ali tinham um rosto amarelado

e olhos grandes e acesos [...] Suspeitei que ele estivesse com febre, já que calor emergia de seu corpo enquanto ele tremia sem parar, febre esta com a qual eu era capaz de lucrar razoavelmente. Fiquei menos encantado com o jeito que ele se revirava durante a noite [...] Eu disse: Ei! Pare com isso, acalme-se, e no fim ele parou. Só entendi o porquê na manhã seguinte, quando tentei várias vezes despertá-lo para o café e ele não acordou. Mesmo assim, passei apressadamente a sua lata para o enfermeiro juntamente com a minha, uma vez que, quando estava prestes a relatar o que tinha acontecido, ele rapidamente me pediu para passá-la. Mais tarde, eu também aceitei a ração do menino em seu nome, idem com a sua sopa naquela noite, e assim por diante por um tempo, até que [...] ele começou a ficar muito estranho, e foi quando eu me senti obrigado a finalmente dizer alguma coisa, já que não podia deixá-lo na minha cama, afinal. [...] Ele foi levado [...] e nada mais foi dito.

Uma "agora familiar bola vermelha flamejante" apareceu no quadril esquerdo de Gyuri. Uma incisão foi feita para drenar o pus, e foi protegida com um curativo de papel. Atormentado por uma sensação de cócegas, Gyuri levantou o curativo e descobriu vermes "alimentando-se da ferida".

Eu tentei arrancá-los, livrar-me deles, puxá-los para fora, obrigá-los a esperar e serem pacientes pelo menos por mais um tempo, mas tenho que admitir que nunca tinha visto uma luta mais desesperada ou uma resistência mais teimosa, ou, por assim dizer, mais descarada do que essa. Depois de um tempo, então, eu desisti e apenas assisti à gula, à agitação, à voracidade, ao apetite, à felicidade inconcebível. [...] No fim, até o meu sentimento de repulsa quase passou. [...] Eu rapidamente cobri a ferida e depois não lutei mais com os bichos, já não os perturbava mais.[35]

Depois, a viagem de volta para Buchenwald. Gyuri, juntamente com outros que não tinham mais utilidade, estava sendo "devolvido ao remetente. [...] Deitado ali, [...] na palha fria umedecida por todos os tipos de fluidos duvidosos", com seus curativos de papel "há muito desgastados, descolados e [...] soltos" e com sua camisa e suas calças coladas às feridas nuas, ele estava "quase se perdendo em devaneios". Então as tábuas geladas do trem foram substituídas por poças no chão pavimentado. Ele apenas meditava sobre uma coisa ou outra e olhava fixamente para o que quer que seus olhos captassem, "sem realizar qualquer movimento ou esforço que fossem desnecessários".

> Algum tempo depois, e não sei se foi uma hora, um dia, ou um ano, finalmente discerni vozes, ruídos, sons de trabalho e de arrumação. De repente, a cabeça ao meu lado se ergueu e caiu por entre os ombros. Vi braços no traje da prisão se preparando para jogá-lo no topo de uma pilha de outros corpos que já haviam sido empilhados em algum tipo de carrinho de mão. [...] Ao mesmo tempo, um pedaço de discurso que eu mal conseguia distinguir captou minha atenção [...]
> — Eu pro... testo — murmurou a voz [...].
> Imediatamente ouvi outra, obviamente a da pessoa que agarrava aquele homem pelos ombros.
> — *Was? Du willst doch leben?* — "O quê? Você ainda quer viver?"[36]

Gyuri também considerou aquilo estranho, "uma vez que não fazia sentido". Contudo, quando um homem com vestes de prisão se inclinou sobre ele, ele também protestou, não verbalmente, mas piscando. Como consequência das pálpebras vibrantes, Gyuri foi carregado em um carrinho de mão menor e empurrado, ele não sabia para onde.

> Um ruído que soava familiar chegou até mim, lentamente, vindo de algum lugar, como sinos em sonhos, e quando observei a cena, vi uma procissão de transportadores, com varas nos ombros, gemendo sob o peso de caldeirões exalando vapor, e de longe eu reconheci, não havia dúvida disso, um cheiro de sopa de nabo no ar acre. Uma pena, porque deve ter sido aquele espetáculo, aquele aroma, que cortou a minha dormência para desencadear uma emoção, cujas ondas crescentes conseguiram espremer, mesmo dos meus olhos secos, algumas gotas mais quentes em meio à umidade que me encharcava o rosto. Apesar

de toda a deliberação e razão, de todo o sentido e discernimento, eu não podia deixar de reconhecer dentro de mim a furtiva e ainda assim — por mais envergonhada que pudesse estar, por assim dizer, de sua irracionalidade — a cada vez mais insistente voz de algum tipo de desejo abafado: eu gostaria de viver um pouco mais.[37]

***

Gyuri encontra-se em um "lugar estranho". As portas abrem-se para o corredor, portas de verdade, pintadas de branco", atrás de uma das quais há um quarto quente e iluminado, e lá dentro, uma cama já vazia e arrumada, esperando por ele.

O *Pfleger* [enfermeiro] [...] senta-se na beira da cama, com algum tipo de cartão e lápis em mãos, e pergunta o seu nome.
— *Vier-und-sechzig, neun, ein-und-zwanzig* — 64927, eu disse. Ele anota o número, mas continua pressionando, pois pode demorar um pouco até que você entenda que ele quer saber o seu nome, "*Name*", e depois mais um pouco [...] até que, depois de buscar em suas memórias, você finalmente se lembre. Precisei repetir três ou até quatro vezes até que ele pareceu compreender. Então ele me mostrou o que tinha escrito, e no topo de uma tabela de níveis de febre, eu li: "*Keviszterz*."[38]

Mas como Gyuri acabou nesse lugar estranho? A pergunta deixa-o perplexo. Se ele "analisa racionalmente as coisas", não consegue encontrar "nenhuma razão" para estar nesse hospital em vez de em outro lugar. Quando ele se lembra da série de eventos que o levaram do carrinho de mão para aquele quarto, aquela cama, ele não chega a nenhuma explicação adequada. Com o tempo, e quando começa a se recuperar, ele chega à conclusão de que "conseguimos nos acostumar até mesmo com milagres".[39]

O enfermeiro e o médico, os visitantes que apareciam por um minuto ou dois sempre ao mesmo tempo e à noite, todos eles usavam triângulos vermelhos, a marca de um prisioneiro político. Gyuri não viu um único triângulo verde (denotando um criminoso) ou preto (denotando um antissocial), nem, por sinal, um amarelo. Pelas letras dos triângulos, identificou polacos, os mais numerosos, e também franceses, tchecos, russos e iugoslavos. Por "raça, língua e idade", esses prisioneiros eram diferentes de qualquer um que Gyuri tivesse conhecido até ali.[40]

De sua cama, Gyuri registrou as mudanças que ocorriam no campo. Observando o que podia ver, ouvindo os comandos que soavam dos alto-falantes, ele descobriu idas e vindas, "inconveniências, distúrbios, preocupações e problemas iminentes". Por exemplo: anúncios repetidos de "*Frizeure zum Bad*" ("barbeiros para os banheiros"), juntamente com "*Leichenkommando zum Tor*" ("transportadores de cadáveres para o portão") permitiram-lhe julgar a natureza dos transportes.[41] (Catorze mil prisioneiros de Auschwitz foram transferidos para Buchenwald, Paul Steinberg foi um deles.)[42] Gyuri não tinha ideia de quando os barbeiros dormiam; ouviu que os recém-chegados "podiam ter que ficar nus por dois ou três dias diante dos banheiros antes de poderem prosseguir, enquanto o *Leichenkommando*" estava "constantemente trabalhando em suas rondas".[43]

Gyuri seria evacuado? Vindo dos alto-falantes, ele ouviu: "*Alle Juden im Lager*" (Todos os judeus no campo) "*sofort*" (imediatamente) "*antreten*" (se apresentem). Ele sentou na cama, aterrorizado, mas Pyetchka, o enfermeiro, "sorriu de maneira habitual e gesticulou com ambas as mãos para que ele se deitasse, tivesse calma, não precisava se afobar, qual era a pressa?".[44] (A ss forçou cerca de 28 mil prisioneiros a saírem do campo principal, outros 20 mil ficaram lá dentro.)[45]

Então Pyetchka se ausentou por um longo período de tempo e, quando voltou, carregava um pacote embrulhado em um lençol. Tinha um cabo, e "do meio [...] surgia uma ponta". Gyuri "nunca antes tinha visto aquilo nas mãos de um prisioneiro, [...] um objeto que Pyetchka, antes de colocar sob sua cama", permitiu que todos no quarto "enxergassem por um momento fugaz". Era uma espingarda de cano curto. Certa manhã, "não muito depois do café, passos apressados soaram no corredor, uma ordem foi berrada, que na verdade era um código, e Pyetchka rapidamente pegou seu pacote do [...] esconderijo e, agarrando-o sob o braço", desapareceu. Pouco depois, Gyuri ouviu, pelo alto-falante, "uma instrução que não era para prisioneiros, mas para soldados: '*An alle SS Angehörigen*', então, duas vezes, '*Das Lager sofort zu verlassen*', ordenando às forças que deixassem o campo imediatamente".[46] (Pela tarde, membros das formações de defesa do campo tinham cortado o arame farpado, ocupado as torres de vigia e içado uma bandeira branca. "Foi assim que os primeiros tanques americanos, roncando do nordeste, encontraram um Buchenwald que já tinha sido libertado.")[47]

Por volta das 16h, Gyuri ouviu o prisioneiro sênior do campo anunciar "'*wir sind frei*'", "estamos livres". [...] Ele procedeu com um pequeno discurso; [...] depois dele, foi a vez de outros", falando nas mais diversas línguas. E de repente, para grande espanto de Gyuri [...]: "Atenção, este é o comitê do campo húngaro." Ele "nunca suspeitou que houvesse tal coisa". Gyuri não parava de ouvir falar de liberdade. Ele estava, "naturalmente, [...] absolutamente encantado", mas não podia deixar de se preocupar com sua sopa, ou com a falta dela. Depois de esperar tanto ao longo do dia, "esticando as orelhas, mantendo os olhos bem abertos e atentos, nem na hora habitual, nem mais cedo nem mais tarde" ele conseguiu "ouvir o [...] barulho há muito esperado e o grito diário dos transportadores de sopa".

> A noite de abril do lado de fora já estava escura, e Pyetchka também já tinha voltado, corado e animado, [...] quando [...] [o prisioneiro sênior] finalmente voltou a falar pelos alto-falantes. Dessa vez ele apelou aos antigos membros do *Kommando Kartoffelshäler*, pedindo-lhes que retomassem seus antigos deveres nas cozinhas, e a todos os outros detentos do campo para ficarem acordados até o meio da noite, se necessário, porque eles começariam a cozinhar uma forte sopa *goulash*, e foi somente nesse momento que eu caí de volta no meu travesseiro com alívio, só então alguma coisa se soltou dentro de mim, e só então eu também pensei — provavelmente pela primeira vez com convicção — em liberdade.[48]

CODA

Ao voltar a Budapeste, Gyuri encontra um jornalista. O rapaz, ainda de casaco listrado, embarcou em um bonde, mas não tinha bilhete nem dinheiro. O motorista estava prestes a expulsá-lo quando o jornalista interveio: "Dê um bilhete a ele!", entregando, ou melhor, atirando uma moeda ao condutor. Depois virou-se para Gyuri.

— Você veio da Alemanha, filho?
— Sim.
— Dos campos de concentração?
— Naturalmente.
— Qual deles?
— Buchenwald.

Sim, ele tinha ouvido falar em Buchenwald, sabia que era "um dos infernos nazistas", como colocou.

— De onde é que te levaram?
— Budapeste.
— Quanto tempo você esteve lá?
— Um ano, no total.
— Você deve ter visto muitas coisas terríveis — acrescentou ele, mas eu não disse nada [...] Ele ficou em silêncio antes de voltar a falar: — Você teve que suportar muitos horrores? — Ao que eu respondi que tudo dependia do que ele considerava ser um horror. Sem dúvida, ele declarou, sua expressão agora um pouco desconfortável, eu tinha passado por muita privação, fome, e muito provavelmente eles me bateram, ao que eu respondi: naturalmente.

— Por que, meu caro rapaz — exclamou ele, porém, agora, assim me pareceu, a ponto de perder a paciência —, você continua a dizer "naturalmente", e sempre se referindo a coisas que não são nada naturais?

Disse-lhe que, em um campo de concentração, elas *eram* naturais.

— Sim, claro, claro, claro — diz ele — elas *existiam*, mas... — E se interrompeu, hesitando ligeiramente. — Mas... Quero dizer, um campo de concentração em si é *antinatural*. — Finalmente acertando a palavra, por assim dizer. Eu nem me incomodei em responder a essa afirmação, pois estava começando lentamente a perceber que há coisas que você não pode discutir com estranhos, os ignorantes, aqueles que, em certo sentido, são meras crianças, por assim dizer.[49]

Gyuri, percebendo que chegou à sua parada, sai do bonde. O jornalista segue-o e sugere que os dois se sentem por um minuto. Gyuri faz, o que lhe parece, uma tentativa fútil de transmitir sua experiência, isto é, "enquanto alguns estavam começando a entender tudo", ele já está "cuidando do seu novo negócio, vivendo, atuando, movendo-se, atendendo a cada nova demanda em cada novo palco", e se não fosse por esta "sequência temporal, [...] é muito provável que nem seu cérebro e nem seu coração conseguissem lidar com tudo". Ao que o jornalista responde: "É impossível imaginar isso."[50]

Com essa troca, Kertész está emitindo um aviso. Se no início ele esperava que seus leitores estivessem vários passos à frente de Gyuri, aqui ele os adverte, nos adverte, a não substituir nosso conhecimento prévio pela narrativa que ele fornece, por mais perturbadora e inquietante que seja.

5

Uma história de fuga: Béla Zsolt

Só em 2004 foi publicada uma tradução para o inglês de *Nine Suitcases* [*Nove malas*, em tradução livre], de Béla Zsolt. O livro termina com a sua fuga do gueto de Nagyvárad (então parte da Hungria, e agora na cidade romena de Oradea) e não inclui fragmentos que descrevem a sua viagem de trem de Bergen-Belsen para a Suíça. As memórias foram liberadas ao público inicialmente em periódicos semanais, de 30 de maio de 1946 a 24 de fevereiro de 1947, na *Haladás*, uma revista que Zsolt fundou e editou. Uma edição de *Nine Suitcases* em forma de livro foi anunciada para o outono de 1947, mas só se materializou em 1980. Quanto às razões para esse atraso, pode ter sido que Zsolt tenha sido desencorajado pelas reações políticas e pessoais hostis à série, então, por algumas décadas após sua morte, em 1949, seu trabalho foi desaprovado pela elite dominante — ele era anticomunista e judeu. Como Imre Kertész sabia muito bem, a discussão pública sobre o Holocausto era desaprovada. E o livro de Zsolt não é um livro fácil de ler: há muitos horrores, intercalados com momentos de farsa grotesca, ironia ácida e sagacidade.

Nascido em 1895 em Komáron, no norte da Hungria, Zsolt serviu no exército austro-húngaro na frente russa durante a Primeira Guerra Mundial. Mesmo antes do fim da guerra — ele foi gravemente ferido em 1918 —, ele começou a se destacar como escritor. Em 1920, mudou-se para Budapeste e, nas duas décadas seguintes, tornou-se um dos autores mais prolíficos e conhecidos da Hungria. Além de produzir dez romances e quatro peças de teatro, ele foi um colaborador frequente da imprensa liberal. Era um homem de esquerda, mas não de esquerda radical. Ele atacava o conservadorismo que governava a Hungria e o crescente movimento populista que defendia uma raça Magyar pura, intocada pela contaminação com judeus. Também teve como alvo as classes médias de Budapeste, e embora ele mesmo tenha sido vilipendiado como um judeu, não deixou de satirizar seus correligionários com gosto. Sofisticado e boêmio, passava muito tempo em cafés da moda, na companhia de artistas e intelectuais, fumando e bebendo em excesso, prejudicando sua saúde já enfraquecida.

Em que consistia, então, o judaísmo de Zsolt? Ele explicou: "nunca negou" sua "judaicidade, não só por solidariedade e tradição, mas também por teimosia"; "nunca quis livrar-se dela, como muitos outros, que não conseguem de jeito nenhum resignar-se a ela e que se tornam neuróticos porque tentam constantemente destruí-la". Então ele era um judeu "sem Deus e profano" — e alguém que sentia uma "profunda e genuína simpatia por Jesus e pelo que os evangelhos revelam sobre seus objetivos morais e sociais." Zsolt considerava-se um cristão melhor do que "as mulheres que vão à igreja" que ele "viu sorrindo na calçada" quando estava sendo levado embora.[1]

Recorde-se que, em 1944, as forças alemãs invadiram a Hungria e, com a ajuda da própria Hungria, começaram imediatamente a liquidar os judeus do país. Em Komáron, foram "pessoas pobres, com roupas de civis e uniformes" que deportaram a "mãe, os irmãos e as irmãs" de Zsolt, e o "filho de quatro anos de sua irmã mais nova". Em Nagyvárad, o mesmo tipo de pessoas levou ele e sua esposa, Agnes, além de seus pais e de sua filha de um casamento anterior no gueto. Os pais e a filha de

Agnes foram enviados para Auschwitz e assassinados. Zsolt e Agnes conseguiram fugir por acaso, por meio de uma "mensagem numa garrafa" que encontrou um destinatário útil e corajoso.[2] A fuga de Zsolt equivale a um acaso, um acidente de sorte, não a uma receita de sobrevivência.

OPORTUNIDADE PERDIDA (1)

A primeira frase do livro de Zsolt, *Nine Suitcases*, é "Aqui estou eu, deitado no meu colchão no meio da sinagoga, aos pés da Arca da Aliança." Ele não tem absolutamente nada: tudo o que tinha "tornou-se propriedade nacional". Os gendarmes — "com seus rostos vermelhos, seus ossos grossos, seus olhos como botões pretos e seus queixos que pareciam ainda mais animalescos pelas tiras apertadas de seus capacetes" — haviam saqueado seu apartamento e arrancado as nove malas que guardavam suas posses e as de sua esposa, "todas as necessidades e os pequenos luxos [...] que haviam coletado".[3] Zsolt explora o conceito dessas malas — o seu poder magnético ou hipnótico — para explicar a sua situação difícil e como foi parar no gueto de Nagyvárad à espera de ser deportado para Auschwitz.

Quase cinco anos antes, em agosto de 1939, pensando em emigrar para escapar da "guerra fascista" que se aproximava, Agnes tinha empacotado todas as roupas e os objetos do casal em nove malas. Ela "tinha a mania de ter mais malas do que o necessário", enquanto ele gostava de viajar com pouca bagagem. Então eles nunca viajavam juntos. No dia 26 de agosto, Zsolt deixou Budapeste e foi para Paris com uma bagagem mínima. Dois dias depois, Agnes chegou à Gare de l'Est. "A mobilização já tinha transformado a cidade e a estação estava repleta de soldados recrutados e de parentes preocupados. [...] Foi com dificuldade que encontrei a minha mulher, mortalmente pálida e soluçante. Não havia nada fora do comum sobre uma mulher chorando, e enquanto ela se agarrava a mim em pânico as pessoas pensavam que eu também estava indo para a Linha Maginot."[4]

O que tinha acontecido era isto: em Budapeste, Agnes tinha colocado as malas no compartimento. Em Salzburgo, foi-lhe ordenado que "enviasse a maior, que continha as nossas roupas, para o vagão de bagagens". Ela implorou e chorou, mas foi em vão. "Na estação de fronteira com a Alemanha, em Kehl, ela procurou pelas malas, mas elas não estavam em lugar nenhum. O funcionário da ferrovia informou que elas tinham sido deixadas em Munique quando o vagão estava sendo recarregado. [...] Só para lhe dar alguma esperança, ele perguntou o endereço de Paris e prometeu enviar as malas, com pagamento só na entrega, se a guerra não tivesse começado quando o próximo trem chegasse, e se elas estivessem nele."[5]

No dia seguinte, depois de muito choro e lamento de Agnes: "Quero o meu casaco vermelho! E os sapatos! E as caixas! [...]" Zsolt foi com ela à Gare de l'Est e chamou o chefe da estação.

> Em cinco minutos, percebi que os franceses iriam perder a guerra. Com um sotaque estrangeiro forte, expliquei a tragédia da mala ao colega, que respondeu com compreensão e até com simpatia. Ele imediatamente permitiu que procurássemos pelas malas no porão. Se por acaso eu fosse um agente fascista, poderia ter cometido o maior ato de sabotagem da década [...] [apenas alguns dias] antes do início da guerra: nada teria sido mais simples do que incendiar a Gare de l'Est com um único fósforo e, assim, dar um golpe incomensurável na mobilização francesa.

À tarde, na esperança de convencê-la a "concordar com alguma solução razoável", Zsolt levou Agnes mais uma vez à estação. O mestre da estação, com o rosto brilhando com entusiasmo, gritou: "'Madame... Parabéns! A ponte pode já ter explodido, mas as suas malas chegaram!' [...] O funcionário alemão da ferrovia tinha mesmo levado as malas para o último trem. Os franceses e os alemães podiam estar prontos para começar a bombardear um ao outro à noite, mas o funcionário alemão, automaticamente e com honestidade profissional, tinha enviado [...] 'os itens.'"[6]

Foi uma vitória que durou pouco. Em outubro de 1939, Zsolt sentou-se com os amigos húngaros, com os nervos à flor da pele, "para discutir sobre política e pensar no que fazer a seguir". Ele poderia ter ido a muitos lugares diferentes — Cagnes, Madri, Lisboa, Marraquesh, até mesmo a América — se tivesse tentado mais. Tinha o visto e o dinheiro. Zsolt culpou as nove malas pela fuga frustrada.

> Minha esposa se agarrou às nove malas com unhas e dentes, e porque não havia espaço para todas as nove no trem superlotado para a Riviera, não fomos para Cagnes. Pela mesma razão não fomos a Madri ou a Lisboa. Naqueles dias não era possível viajar em trens franceses com bagagem. Os passageiros sentavam nos telhados e se penduravam nos degraus, roubando uns aos outros. As ferrovias não aceitavam qualquer mercadoria expressa e não haveria nenhuma dúvida quanto às nove malas. [...] Apenas um trem estava preparado para aceitar as nove malas, um trem com um vagão-dormitório e um vagão-restaurante [...]: o Simplon Express. Era um bom trem, um trem azul. [...] O funcionário do trem, tão arrogantemente quanto em tempos de paz, levantou as nove malas sobre as cabeças dos parisienses que, em pânico após os primeiros ataques aéreos, tentavam escapar sem bagagem. O comboio atravessou a Suíça e a Itália de acordo com o horário de paz. Só que o seu destino era Budapeste.[7]

Um relato fantasioso. Agnes, profundamente perturbada com as notícias de guerra, finalmente perdeu a paciência com Zsolt: "Olha, não sou jornalista nem política, e não me importo com as suas ideias. Sou uma mulher de classe média de Nagyvárad, que é onde estão os meus pais e a minha filha. Não tenho motivo para ficar aqui agora que há uma guerra. Quero estar com eles!" Zsolt aquiesceu. Ele apressou-se para a embaixada suíça para obter um visto de trânsito — e assim disfarçou sua própria "saudade de casa com um ato de [...] galanteria." E foi da embaixada suíça que ele "partiu para parar na [...] sinagoga".[8]

No início de junho de 1944, ele, ou melhor, Agnes, teve um vislumbre final das malas. De uma janela no gueto, ela viu a bagagem saqueada dos judeus de Nagyvárad sendo empilhada. E jurou que suas malas estavam lá: tinha visto as etiquetas vermelhas da ferrovia francesa. Então soldados húngaros e alemães colocaram a bagagem em vagões de carga, "nos quais pintaram em grandes letras brancas: 'UM PRESENTE DA NAÇÃO HÚNGARA PARA OS SEUS IRMÃOS ALEMÃES.'"[9] Um belo exemplo de eufemismo nazista.

OPORTUNIDADE PERDIDA (2)

Zsolt é acompanhado por Friedländer, que, sentado à beira do seu colchão, conta a história do ruivo Grosz. O jovem, juntamente com Friedländer, tinha vivenciado uma particularidade enquanto cavavam sepulturas. No final do dia, o gendarme que vigiava os trabalhadores afirmou que se alguém desaparecesse, ninguém saberia: não houve contagem, não havia registro. Então Grosz fugiu e partiu para a fronteira romena, a cinco quilômetros de distância. Então ele perdeu a coragem. Se atravessasse a fronteira, a quem poderia recorrer? Ele não conhecia ninguém, não tinha onde ficar, não tinha dinheiro. Seguir em frente cegamente, ele tinha certeza, significaria a morte certa. De repente, virou-se e começou a correr até conseguir alcançar os coveiros. Com um "enorme suspiro de alívio, ele libertou o medo e a tensão que quase o tinham rompido."[10]

Zsolt tinha uma história semelhante para contar. Aconteceu na Ucrânia. Após seu retorno a Budapeste em 1939, ele havia passado a maior parte dos dois anos "conspirando com amigos, [...] planejando, discutindo, estrondosamente exibindo-se sobre o que seria necessário fazer no momento decisivo" e afirmando que "tomaria uma ação com cabeça fria e coragem que desafiaria a morte".[11] Nada aconteceu. Uma vez que a Hungria se juntou à Alemanha na guerra contra a União Soviética em junho de 1941, homens judeus, cerca de 100 mil deles, foram recrutados para unidades de trabalho forçado.[12] Foi dada especial atenção ao recrutamento de "profissionais proeminentes [...] e empresários, conhecidos sionistas e líderes comunitários, e sobretudo aqueles que os cristãos locais tinham denunciado como 'censuráveis'" — mesmo que, como era o caso de Zsolt, eles estivessem na casa dos quarenta.[13] No verão de 1942, Zsolt foi chamado.

No relato de Zsolt, uma sequência de acontecimentos se destaca: ele perdeu a oportunidade de se tornar um "faisão", ou seja, um prisioneiro de guerra, e em vez disso fugiu para o lado húngaro. Sua narrativa começa em 18 de fevereiro de 1943, na floresta de Brańsk (hoje uma cidade do nordeste da Polônia), cavando sepulturas. Ele já tinha ouvido falar da derrota alemã em Stalingrado no início do mês. Naquela manhã, Zsolt e os colegas de trabalho receberam ordens para rapidamente baterem em retirada. Eles partiram prontamente. "O que estou dizendo, 'partirmos'? Nós fugimos. Nunca houve uma corrida tão feliz, em 35 graus de geada [-35ºC], diante de nós a nevasca uivante, acima das nossas cabeças os aviões e às nossas costas os tanques russos, cujo barulho podia claramente ser ouvido. Nós estávamos correndo, rindo, em parte porque o que nunca acreditávamos que aconteceria — que sairíamos dali — tinha acontecido, e em parte porque não era mais uma história de horror, um relato falso, ou uma imprudente esperança judaica e antifascista que os alemães estavam perdendo, que nós estávamos perdendo a guerra."[14]

Tendo passado um dia e uma noite congelando na nevasca, sem nada para comer, Zsolt, junto com outros dois homens, um barbeiro e um ladrão, encontrou um comboio de trenós carregando camponeses russos, todos de uma aldeia próxima. Os camponeses haviam imaginado que, se esperassem na floresta, haveria uma boa chance de que a batalha passasse batido por eles. Então, enquanto os russos continuavam a avançar, eles podiam voltar para suas casas liberadas ao longo das trilhas florestais, atrás das linhas de frente. Zsolt e seus dois companheiros subiram em seus trenós e fugiram.

> Eu tinha uma sensação inimaginável de alívio [...] — finalmente éramos "faisões". À noite, chegaríamos à aldeia com os russos e falaríamos com o primeiro oficial russo que encontrássemos. Diria a ele quem eu era e pediria que, se possível, enviasse uma mensagem a Moscou para Béla Belázs, Andor Gábor e Béla Illés ou, talvez, para o meu amigo Sándor Gergely [escritores comunistas húngaros no exílio em Moscou], com quem eu costumava criar enredos [...] nos anos 1930. [...] Pensei que esses colegas providenciariam que eu fosse levado para um lugar segu-

ro, onde pudesse me recuperar fisicamente até ser de alguma utilidade para eles. Eu falaria muito bem dos meus esplêndidos camaradas, o barbeiro e o ladrão.[15]

O alívio de Zsolt rapidamente deu lugar ao medo. Acontece que os russos tinham interrompido o avanço e tomado posições em três aldeias mais atrás. A batalha para além dessa linha tinha sido apenas "um reconhecimento e um aborrecimento levados a cabo por uma guarda blindada avançada. Os tanques não foram seguidos pelas unidades principais e tinham recuado." Agora os alemães estavam "avançando cautelosamente [...] ao longo do trecho da estrada que eles haviam rendido recentemente. Por enquanto Golukovka, onde viviam esses aldeões, estava vazia, os soldados russos tinham se retirado e os alemães ainda não tinham chegado." Os homens da aldeia queriam atravessar a floresta e juntar-se aos soldados russos. "As mulheres queriam ir para casa de qualquer jeito. [...] A única preocupação que tinham era com suas casas desprotegidas. [...] Claro que as mulheres ganharam. O comboio, com os homens desanimados e as mulheres tensas e silenciosas, partiu para a aldeia."[16]

Uma vez lá, os três húngaros encontraram abrigo com um professor. Em pouco tempo, alguém bateu à porta e gritou: "Os alemães estão aqui." Zsolt viu de camarote "o que acontece quando gendarmes alemães encontram soldados em uma casa russa [...] Os soldados foram alvejados no local, e os russos, enforcados em frente à casa como um aviso para aqueles que estivessem dispostos a esconder fugitivos." Os três abrigaram-se com eles. "Logo ouvimos o ritmo lento e constante dos passos típicos de uma patrulha obcecada por fazer o seu pior, seguida pela arrogância impiedosa das batidas às portas, [...] drenando o sangue dos rostos de qualquer pessoa decente que estivesse amontoada [...] atrás delas. Agora estavam dentro da casa. Um tempo imensamente longo passou. [...] Uma porta se abriu, um alemão falou numa voz áspera, insolente, quase jovial. Agora estavam decidindo qual caminho seguir. [...] Por alguns momentos eles só ficaram parados ali. Então foram embora."[17] Depois de um tempo muito tenso e muito longo de quinze minutos, o professor disse que a barra estava limpa.

O que fazer a seguir? O ladrão aventurou-se a sair, deu uma olhada e voltou para relatar: "A aldeia está bastante vazia. As tropas ainda não chegaram e os gendarmes foram para a próxima aldeia. [...] Se formos agora mesmo, conseguiremos chegar à estrada sem problemas. Se encontrarmos alguém na estrada, [...] podemos dizer que [...] fomos deixados para trás. [...] Não podem fazer nada se pensarem que estamos à procura da nossa companhia." Então assim como o ruivo Grosz, Zsolt decidiu "fugir de volta".

> Nunca esquecerei o momento em que saímos ao luar. Olhamos à nossa volta com o coração acelerado, como se estivéssemos fugindo da escravatura e com medo de sermos detidos antes de podermos alcançar a liberdade. Só temíamos que pudéssemos ser pegos antes de fazer nosso plano de voltar à escravidão parecer plausível e nosso desejo de voltar à escravidão parecer sincero.[18]

**

Zsolt chegou à sua unidade. Inicialmente, ele e os companheiros conseguiram uma carona em um veículo da Cruz Vermelha até Novogorod-Seveky. Depois de uma noite em um hospital alemão, que incluiu um banho completo, eles descobriram que sua companhia podia estar nas proximidades de Orlovka, 75 quilômetros a oeste, uma caminhada de três dias. O sol estava caindo. O melhor que encontraram foi um celeiro meio queimado. O que aconteceu depois disso, Zsolt só soube pelo boato. O tifo que já tinha estado dentro dele no hospital alemão soltou-se com toda força no celeiro.

Posteriormente, Zsolt descobriu que depois de vários dias escondido — e alucinando — na cozinha de um camponês, ele foi colocado em um trenó e levado pelo restante de uma unidade de trabalho e serviços que tinha aparecido na aldeia. Ninguém esperava que ele chegasse vivo a Orlovka, mas ele chegou. Como castigo por ter ficado para trás, o seu comandante queria amarrá-lo. Ele pensou melhor quando percebeu que

Zsolt tinha tifo. Em vez disso, deu ordens para que Zsolt fosse levado para o hospital da unidade médica.

Lá eu fui examinado por um médico rude, arrogante e grosso, com têmporas cinzentas. [...] Quando ele ouviu o meu nome, amaldiçoou-o violentamente. [...] Mas senti [...] que devíamos ter alguma ligação anterior. Ele sabia imediatamente quem eu era e o que eu estava tentando alcançar com todos os rabiscos fúteis e sem esperança que publiquei por décadas em jornais e livros [...].
Certa noite, três semanas depois, quando o meu peso tinha diminuído para 47 quilos [...] cambaleei até o banheiro no fim do corredor. Como estava caminhando muito vagarosamente, [...] o médico veio até mim com passos rápidos e furiosos. Só estávamos os dois no corredor. [...] Ele de repente parou na minha frente, agarrou minha mão e disse com uma fúria silenciosa:
— Para o inferno com este maldito mundo! Lamento muito pelo que aconteceu contigo. Adoraria te mandar para casa e vou tentar, mas acho que esses sacanas não deixarão.
Deixou-me ali e foi embora. [...] No dia seguinte estava rugindo outra vez. [...] Mas ele salvou a minha vida, o Friedländer. [...] Tive sorte [...] É por isso que digo que as coisas podem mudar para melhor, que alguém ou algo pode aparecer por acaso, a qualquer momento. Acredite em mim. Friedländer, até consigo me imaginar sobrevivendo a este inferno.[19]

NO GUETO

Agnes tinha "gritado" com Zsolt: "Que me interessam as suas ideias, a sua política, a sua literatura? Sou uma mulher de classe média de Nagyvárad, que é onde estão os meus pais e a minha filha!"[20] Foi por causa deles que tinham regressado à Hungria no final de 1939. Em março de 1944, depois de Zsolt ter passado quinze meses como trabalhador forçado, seguido por quatro meses na prisão política de Margit Boulevard, os dois planejaram se estabelecer em Nagyvárad durante a guerra.[21] Agnes não estava bem, estava se recuperando, lentamente, de uma grande cirurgia. Poucos dias após a sua chegada, os alemães ocuparam a Hungria e, em poucas semanas, os cerca de 20 mil judeus de Nagyvárad foram cercados em um gueto trancado, em preparação para serem deportados para Auschwitz.

Em 13 de fevereiro de 1944, a filha de treze anos de Agnes, Éva Heyman, iniciou um diário. Ela continuou escrevendo até o dia 30 de maio, quando pediu que o fiel cozinheiro da família o guardasse, e ele, graças a um "gendarme amigável", conseguiu uma rápida visita ao gueto. Uma vez terminada a guerra, Agnes recuperou o diário e publicou-o. Éva expressava repetidamente o seu desespero: "Não quero morrer. Quero viver mesmo que isso signifique que serei a única. [...] Eu esperaria pelo fim da guerra em um porão, ou em um sótão, ou em uma fenda secreta. Eu até deixaria o gendarme vesgo me beijar, desde que não me matem, só para que me deixem viver."[22]

E houve uma oportunidade de fuga. Dias antes da criação do gueto, o porteiro-chefe do Hotel Pannonia tinha vindo, com documentos forjados, para levar Zsolt a Budapeste. Zsolt sugeriu que se ele se recusasse a levar sua esposa doente, pelo menos enviasse a criança. Agnes concordou, mas sua "sogra, com o rosto contorcido, vermelho como uma beterraba, protestou":

— Não vou deixá-la ir. Em Budapeste, qualquer coisa lhe pode acontecer. Um funcionário de hotel! Quem sabe, ele pode até vendê-la!

Tínhamos perdido tudo, os gendarmes já estavam esvaziando o apartamento. [...] Mas o que mais pesava para a minha sogra era a ideia de sua neta acabar nas ruas. Foi o pavor burguês mesquinho da ruína moral que a estremeceu.

Tentei convencê-la de que a menina ficaria bem. Eu conhecia o porteiro há muito tempo, ele era um cavalheiro, era contra os alemães e um homem decente. Ele a levaria imediatamente para um lugar cristão e amigável.

— Não, não, não, não!

A minha mulher entrou na discussão, desesperadamente, agressivamente. Elas quase se agrediram.

— Como você se atreve a impedir que ela vá? Vai assumir a responsabilidade se a criança morrer por causa da sua obsessão?

Minha sogra cedeu. Baixando a voz para que meu sogro, que estava andando para cima e para baixo no quarto ao lado, não pudesse ouvir, ela se virou para mim e disse:

— Escute. Todas as noites, desde que os alemães chegaram, queríamos tomar cianeto. Mas sempre paramos e nos perguntamos: o que acontecerá com a criança?

Se a criança tivesse ido embora, os velhos teriam tomado cianeto. Não há dúvida de que teriam [...] Mas — com uma súbita explosão de calosidade — perguntei-me: a criança não deveria ser salva? [...] Essa criança, com seu rosto de fada em formato de maçã, sua curiosidade ansiosa, sua ambição, sua vaidade, seus olhos estrelados cheios de energia... ela deveria ficar conosco, morrer conosco, só porque, se ela não o fizesse, os velhos tomariam cianeto?

Cabia à minha mulher tomar a decisão. Ela adorava o pai, [...] e agora tinha que decidir se sua filha iria para Budapeste com o porteiro e se seu pai morreria como resultado. Ela não conseguiu decidir, não teve coragem. Ela se debulhou em lágrimas. Minha sogra ganhou: a criança ficaria.[23]

***

Em sua última entrada no diário, Éva mencionou que a mãe e o padrasto estavam sussurrando sobre a possibilidade de a família ficar em um hospital de tifo no gueto. Um médico, que Zsolt não tinha visto antes e que acabou sendo o responsável pelo departamento de obstetrícia que estava servindo de abrigo para Agnes, tinha abordado Zsolt. O primeiro transporte devia partir no dia seguinte:

— Fui enviado pela sua mulher... Ela me disse que você teve tifo na Ucrânia.

— Sim, eu tive — disse. — Mas isso importa agora?

— Em Kolozsvár, a deportação foi interrompida por causa do tifo — explicou [...].

Ele queria fingir uma epidemia de tifo e precisava de mim. Provavelmente porque o tifo pode ser detectado no sangue, mesmo um ano depois [...].

O plano não era totalmente falho, assumindo que era verdade que em Kolozsvár a deportação tinha sido interrompida por causa do tifo. [...] Sentei-me imediatamente com o [médico] para conversar sobre o plano. [...] [Ele] só sabia sobre o que tinha aprendido e lido sobre o tifo, eu, tendo-o tido, conhecia seus pormenores, suas expressões e seus gestos, todos os seus autênticos sinais externos.[24]

Os dias se passaram, o quarto transporte partiu, Zsolt e sua esposa estavam programados para partir no dia seguinte. No último minuto, um adiamento. Em voz baixa, o médico disse a Zsolt que ele seria levado para o hospital de isolamento. Só os suspeitos de tifo e seus familiares poderiam ficar para trás. Zsolt perguntou:

— A minha mulher vai ficar comigo?
— A sua mulher já está se vestindo. [...] Não calce os sapatos, você vai ser carregado em uma maca, [...] e apoie-se em mim, tente cambalear e tropeçar. Você deve ter uma febre alta [...].
Cambaleei pela porta da frente. [...] De início, só vi a maca em que eu me deitaria. Então tomei consciência das mulheres e das crianças que estavam em um grupo à esquerda — parentes dos pacientes com tifo, que não precisavam fingir estar doentes. Vinte minutos depois, a procissão começou. Atravessamos o gueto, que agora estava completamente vazio. [...] O hospital de isolamento ficava no final, [...] em um grande edifício ameaçador perto da cerca, abandonado. [...] Assim que fomos depositados, os médicos nos injetaram com vacina para tifo abdominal, que produz uma febre alta e sintomas de tifo, para garantir que os gendarmes ou alemães que viessem nos inspecionar não descobrissem a farsa. [...] Demoramos até o amanhecer para nos acalmarmos. [...] Àquele ponto, [...] [forças] britânicas e americanas travavam uma batalha sem precedentes com as tropas alemãs da Muralha Atlântica. [...] Era o amanhecer do dia 6 de junho de 1944 [o Dia D].[25]

Nessa altura, Éva e os avós já estavam a caminho de Auschwitz.

***

Agnes foi levada a acreditar que a filha e os pais estariam entre as pessoas que foram levadas para o hospital de isolamento. Ela logo descobriu que esse não era o caso. "Depois de um ataque de nervos, seguido de um desmaio de seis horas, ela foi tomada por uma melancolia [...] que a fez parar de falar. [...] Então ela começou a se autoflagelar. Durante dois dias ela se contorceu sobre o [...] piso sujo [...], a ferida da sua operação abriu e os médicos tiveram que costurá-la novamente. [...] Quando a deixaram sozinha por alguns minutos, ela abriu a artéria do pulso e, em um ataque de choro, mordeu os punhos até sangrar. [...] Ela exigiu freneticamente que fosse levada aos gendarmes, colocada numa carroça e enviada até sua família. [...] Os médicos, horrorizados, seguraram-na e deram-lhe uma injeção para dormir. Poucos dias depois, ela se cansou e se resignou. Vestiram-na com um casaco de enfermeira, e ela foi colocada para trabalhar um pouco."[26]

Os gendarmes já não estavam lá. Uma vez terminada a tarefa de esvaziar o gueto de Nagyvárad, foram mandados "para outras cidades para realizar mais deportações". O hospital de isolamento, com seus sete pacientes, 22 familiares e dois médicos, era agora de responsabilidade da polícia local. Eles não eram tão amedrontadores: embora gostassem de saber que podiam tratar os judeus como quisessem, "eles preferiam ser subornados a terem que roubar. Esse era um costume profissional que fora enraizado neles durante décadas. [...] Foi sobretudo a sua corrupção tradicional que os tornou mais humanos".[27]

Dentro do hospital, o cativeiro parecia "menos apertado, menos sufocante" — uma situação que praticamente convidava os presos "a criarem planos de fuga". Os policiais andavam para cima e para baixo, ao redor do hospital, atrás da cerca e ao longo da rua em frente à cerca, "tão languidamente como faziam em tempos de paz". Eles caminhavam até a esquina, onde a cerca virava em um ângulo reto para a próxima rua, e desapareciam por quinze minutos, deixando a área desprotegida". Isto é, se o ferreiro que vivia do outro lado da rua e que pertencia à versão húngara de um partido nacional-socialista não estivesse em alerta. Em seu uniforme da Cruz Flechada, ele e um grupo de sua família e de aprendizes "mantinham um olhar atento e faziam comentários desagradáveis sobre tudo o que acontecia no hospital e na rua de manhã à noite". Eles não só faziam barulho quando alguém parecia se aproximar da cerca com boas intenções, mas um ou outro da gangue começava a gritar assim que um transeunte virava na rua deserta."[28]

O ferreiro e sua gangue eram os "inimigos mais odiados dos prisioneiros"; um jovem de bicicleta — um aprendiz de alfaiate e o atacante mais habilidoso do time de futebol Nagyvárad — era considerado o "melhor amigo". Ele "aparecia seis ou sete vezes por dia e jogava coisas — cigarros, pão, cebolas, jornais, às vezes até flores — por cima da cerca cada vez que passava, sem diminuir o passo para que os policiais não percebessem". Alguém "estava sempre à espera que ele se aproximasse em sua bicicleta, e no último momento deixava cair uma bolinha de papel. O futebolista, como um caubói galopante, abaixava-se na sela, a toda a velocidade, e apanhava o bilhete."[29]

Durante todo esse tempo, Zsolt tremia de febre. A doença induzida artificialmente tinha que ser renovada todos os dias, ou o engano poderia ser descoberto. Em seu estado, ele não podia imaginar fugir, dificilmente poderia se arrastar até o banheiro. Depois houve o problema com Agnes.

> Psicologicamente, as reações causadas pelos traumas emocionais que ela sofreu durante essas semanas foram de um tipo peculiar. Pareciam sobretudo uma doença física envolvendo uma crise de pneumonia ou meningite. [...] Durante os dias críticos, a pessoa ou morre dos golpes, [...] ou consegue se colocar de pé e é dominada por um comportamento maníaco. [...] No oitavo dia, de repente, ela voltou a si mesma, endireitou-se e, vingativa, saiu imprudentemente para o pátio para vigiar o ciclista. Ela jogou uma bolinha de papel com um texto para ser enviado por telegrama para Budapeste.[30]

E como fez com outros prisioneiros desesperados, o jogador de futebol encaminhou o sos — "uma mensagem de despedida em uma garrafa" — em nome dela.[31]

***

No início de certa manhã — cerca de duas semanas após entrar no hospital de isolamento — como Zsolt estava com febre alta, um médico se aproximou e, em voz baixa, pediu que o seguisse até a sala dos médicos. Agnes já estava lá. Bem como Lili Szabó, esposa de István Szabó, colega escritor de Zsolt.

> De todos os nossos amigos em Budapeste, os Szabó eram os mais prováveis a arriscarem tudo para nos salvar. [...] Não fiquei muito surpreso de ver Lili ali. Nem me pareceu estranho que ela tenha conseguido entrar no gueto passando pela cerca [e] pelos policiais. [...] Lili era o tipo de pessoa que podia entrar em qualquer lugar que quisesse, sem usar força ou astúcia. Todos confiavam nela à primeira vista. [...] Sua entrada [...] seria liberada pelo guarda mais desconfiado, não porque ele achava que ela era uma convidada VIP, mas porque não podia imaginar que seu compromisso não era legítimo.[32]

Lili tinha vindo buscar Zsolt e sua esposa. Ela trouxe documentos falsificados: Zsolt seria um garçom do Pannonia Hotel em Budapeste, e Agnes uma empregada de cozinha divorciada do mesmo hotel. Com a permissão escrita do empregador, os dois tinham passado quatro dias de licença remunerada em Nagyvárad. Quanto a tirar o casal do gueto, Lili havia explicado ao inspetor de polícia que, embora fossem judeus, a maioria de seus parentes, incluindo Lili, era cristã. "E modestamente, quase imperceptivelmente, ela tinha lhe dado dez mil pengős."[33]

Sem mais delongas, Lili apresentou seu plano. Das roupas deixadas para trás no gueto, Zsolt e sua esposa deviam selecionar aquelas que combinassem com seus documentos forjados. Vestidos adequadamente, eles deviam sair do gueto às 21h daquela noite. "Esse foi o momento em que um dos guardas da polícia, que deixava pessoas [...] saírem [...] por mil pengős por cabeça, entrou em serviço."[34] Os médicos sabiam o endereço do jogador de futebol, e Lili combinaria com ele uma maneira de escoltar o casal, uma vez que deixassem o gueto. Lili estaria à espera deles na plataforma do trem. Tendo-lhes dito o que fazer, ela voltou à cidade.

Na hora marcada, Zsolt e Agnes caminharam para o portão. "O policial levou um pequeno susto, e depois abriu uma das grades."

Era como se um gerente de palco tivesse dado o sinal, no momento em que saímos pelo portão, uma tremenda chuva começou, acompanhada de [...] trovões e relâmpagos [...].

— Corra! — gritei, agarrando a mão da minha mulher. Corremos para a esquina, acompanhados quase imperceptivelmente por uma sombra numa capa de chuva. Era o futebolista, que imediatamente assumiu a liderança e nos fez segui-lo rapidamente enquanto atravessava a praça e o grande mercado. Corremos, nervosos e ansiosos. [...] Logo não éramos diferentes dos pedestres comuns que tentavam escapar da tempestade, bufando e ofegando e lutando contra o vento e a chuva. As pessoas que corriam ao nosso lado [...] não suspeitaram de nada, nunca olharam para nós, não adivinharam que não estávamos fugindo da tempestade, mas do gás. [...] A capa de chuva preta que cobria o futebolista dirigiu-se para uma porta mal iluminada. Ele abriu a porta e nos lançamos para dentro da pousada, onde um estalajadeiro vestindo uma camisa se encontrava atrás do balcão. [...] Era o cunhado do futebolista. Ele não fez nenhuma pergunta.

O que se segue? "O futebolista saiu para buscar um táxi."

Parecia que uma eternidade tinha se passado até que, poucos minutos antes das dez, o futebolista voltou com um taxista. [...] Entramos no táxi, e o futebolista sussurrou para mim que o motorista era seu amigo e que não precisávamos ter medo dele, mas não dissemos uma palavra durante toda a viagem. A tempestade tinha diminuído e parecia estar se transformando em uma chuva constante. [...] Chegamos à estação. No pátio mal-iluminado, as pessoas dormiam nos seus cestos e nas suas bolsas. A plataforma estava quase completamente escura — os aviões passavam por ali todas as noites se não tivessem se livrado de suas bombas. [...] Em frente à sala de espera, [...] Lili **juntou-se a nós** sem uma palavra. Atravessamos os trilhos molhados para a linha três, onde estava o longo e escuro trem de Budapeste. O jogador de futebol começou a [...] procurar por lugares em um compartimento onde não houvesse nada de errado. Subimos os degraus e nos sentamos em um [...] vagão de terceira classe.[35]

O lento trem noturno, com um "único motor fraco, teve que arrastar as pessoas bombardeadas, os soldados de licença e os comerciantes do mercado negro do meio do país até a capital". Eram quinze para a uma da tarde do dia seguinte quando Zsolt e seus dois companheiros saíram da estação. Ele estava de volta a Budapeste, onde viveu por décadas, onde a guetização dos judeus estava em andamento, onde ele tinha que se esconder e onde qualquer um que o reconhecesse poderia "sacrificá-lo como se fosse um cão com raiva".[36]

O COMBOIO KASZTNER

Na noite de 30 de junho de 1944, Zsolt e sua esposa, juntamente com 1.682 outros judeus, embarcaram em um trem que partiu da Hungria para o que eles pensavam ser um país neutro. Como os dois vieram a ser incluídos no trem, ele não disse. Na seleção dos passageiros, Rezső Kasztner desempenhou um papel crucial, e seu nome chegou a ser fixado no trem. Isso custou sete milhões de francos suíços em subornos. Cento e cinquenta pessoas compraram seus lugares, mas a grande maioria não tinha tanto dinheiro. Os ricos tinham que pagar pelos outros. Representantes de todas as comunidades, tendências, opiniões, idades e origens foram incluídos, bem como intelectuais, cientistas e artistas de destaque. O próprio Kasztner era um sionista. No dia 8 de julho, o trem chegou a um campo de trânsito e intercâmbio para judeus em Bergen-Belsen.[37]

No seu relatório sobre o julgamento de Eichmann, Hannah Arendt era particularmente cruel em relação a Kasztner. "Na sua opinião [...] era óbvio que um judeu famoso tinha mais direito de permanecer vivo do que um judeu comum [...] Mas se os defensores judeus [...] de 'casos especiais' não tinham conhecimento da sua cumplicidade involuntária, ela [...] deve ter sido muito óbvia para aqueles que estavam envolvidos no negócio do homicídio. Eles devem ter sentido, pelo menos, que ao serem solicitados a fazer exceções e ao concedê-las ocasionalmente, ganhando gratidão, eles convenceriam seus oponentes da legalidade do que estavam fazendo."[38]

Retórica interessante, mas uma história ruim. Kasztner, em nome da Comissão de Ajuda e Salvamento de Budapeste, assumiu a difícil e controversa tarefa de negociar com a unidade de Eichmann. Surpreendentemente, a ss estava disposta a chegar a um acordo. O Reichsführer da ss Heinrich Himmler, ansioso para iniciar conversações de paz separadas com os Aliados Ocidentais nas costas de Hitler, presumiu, absurdamente, que o caminho para os líderes Aliados passava pelos "judeus do mundo", mais especificamente pelos sionistas. E Eichmann nunca teria deixado 1.684 judeus irem embora sem ordens expressas dos seus superiores. Na opinião de Kasztner, um trem que partisse para um país neutro teria sido uma primeira violação da política de homicídio total. Ele "esperava que o primeiro trem fosse seguido por um segundo e um terceiro; uma vez que um padrão fosse estabelecido, talvez uma tentativa pudesse ser feita para parar completamente a máquina do assassinato".[39]

Arendt não estava sozinha no ataque a Kasztner. Depois da guerra, ele se estabeleceu em Israel, onde trabalhou com o governo Mapai de David Ben-Gurion. Quando um jornalista publicou um panfleto inflamado sobre sua colaboração com a ss, o governo insistiu que ele abrisse um processo por difamação. Ele abriu e perdeu o caso no Tribunal Distrital de Jerusalém. O juiz Benyamin Halevy, que mais tarde foi um dos três juízes no julgamento de Eichmann, disse a Kasztner que ele tinha "vendido a sua alma ao diabo". Foi apresentado um recurso. Em janeiro de 1958, o Supremo Tribunal proferiu o seu veredito, inocentando Kasztner da maioria das acusações contra ele. Quatro dos cinco juízes escreveram com "compaixão, temor, humildade e incredulidade — todas as virtudes que faltam na opinião de Halevy". Para Kasztner, a decisão chegou com vários meses de atraso. Na noite de 3 de março de 1957, quando voltava para casa, um jovem aproximou-se dele e perguntou se ele era Kasztner. "Kasztner respondeu afirmativamente e então o estranho atirou três

vezes. Kasztner morreu por complicações nas feridas três dias depois."[40]
E quanto a Zsolt e sua mulher? A sua provação não acabou. Das 1.684 pessoas a bordo do comboio de Kasztner, mais de 300 chegaram à Suíça em agosto de 1944; os restantes, cerca de 1.370, chegaram em dezembro. Zsolt e sua esposa estavam neste último grupo. No fim da guerra, voltaram para Budapeste. Em 1948, depois de publicar o diário da filha, Agnes suicidou-se. A essa altura, Zsolt — que tinha retomado as suas atividades políticas e jornalísticas e estava sob crescente pressão dos novos governantes comunistas do país — estava em estado de saúde precária. Ele morreu no mês de fevereiro do ano seguinte.

Conclusão

Notei desde o início que a História, ou seja, o estudo profissional do passado, e não a memória, tornou-se o instrumento para recordar o Holocausto. Será que os dois se opõem um ao outro? Ou são complementares? Escrever a História e testemunhá-la pode nunca ser congruente: haverá sempre uma tensão entre as reivindicações da História — para dar um relato objetivo do passado — e as da memória — para capturar o discreto e o pessoal. As vozes dos diaristas e dos biógrafos, por força da sua humanidade, fornecem uma forma de imaginar ou reimaginar a profundidade e o alcance dos terrores subjetivos, e assim resistem ao efeito de achatamento de uma narrativa histórica sem costura e perfuram a complacência do distanciamento acadêmico.[1] Acima de tudo, transmitem a estranheza, a ruptura moral, do Holocausto.

Também mencionei que, para ser uma testemunha convincente, o autobiógrafo deve tornar-se um "eu" crível, temos que acreditar nele ou nela. Deve ser sincero, mas não arrogante. Os autores em que me concentrei estão dizendo: não me olhem ou me analisem, o narrador, olhem o que estou descrevendo, ouçam o que estou dizendo. Não permitiram que o Eu que criaram eclipsasse os mundos que estão retratando. Veja Primo Levi, por exemplo. Era a *sua* recordação, e ele tinha que estar lá no texto — foi ele quem viu e sofreu. No entanto, o próprio horror de sua história exigia uma reserva emocional, uma reserva que evitasse todo o excesso, uma reserva que beirava o autoapagamento.

O Holocausto, observou Imre Kertész, "trouxe consigo um horrível pavor, o pavor de que poderia ser esquecido".[2] Levi tinha um pesadelo recorrente: estava em casa, entre amigos, contando a provação que sobreviveu. Mas ele não pode deixar de notar que seu público não está prestando atenção e logo se afasta. Ruth Kluger perguntou, repetidamente, com verdadeira angústia, se alguém prestava atenção ao que estava sendo dito. Pelo contrário, ela é instigada a esquecer de tudo, como se pudesse apagar sua memória como giz num quadro negro. Depois há Victor Klemperer. "Dar testemunho, um testemunho preciso", dizia ele, era o seu "ato de heroísmo".[3]

Dar testemunho — preservar a memória do horror, resistir à sua extinção — tem sido o tema recorrente. Como as histórias dos mortos estão perdidas, escreveu Primo Levi, os sobreviventes devem "falar em seu lugar, como um representante".[4] Que outros temas surgiram ao longo do caminho?

1. "Tempo... O tempo ajuda", disse Gyuri ao jornalista inquisitivo em sua conversa do pós-guerra. Ele elaborou: "Se não fosse pela [...] sequência temporal, e se toda a informação fosse dada a uma pessoa de uma vez, com um golpe certeiro, é muito provável que nem seu cérebro e nem seu coração conseguissem lidar com tudo."[5] Klemperer, por sua vez, pode ter lutado contra o reconhecimento da trajetória do antissemitismo nazista, mas não foi forçado a enfrentar essa realidade de uma só vez. Para Levi, a iluminação veio de repente. O *Muselmänner*, observou ele, "é espancado pelo tempo, não começa a aprender alemão e a desatar o nó diabólico das leis e proibições até que seu corpo já esteja quebrando, e nada pode salvá-los da seleção ou da morte por exaustão."[6] Foi Gyuri,

não ele, que chegou mais perto de ser esmagado.
2. Recursos. Embora, na melhor das hipóteses, intermitentes. Głowiński descreveu seu eu mais jovem como tão morto, tão passivo e irrefletido que ele não respondeu à notícia de que sua mãe tinha chegado ao convento que o abrigava. Kluger escreveu sobre sua decisão de escapar da marcha forçada no final da guerra: "Tendemos a cair em situações que mudam a nossa vida, movidos por esta ou aquela circunstância. Mas qualquer um que já tenha tomado uma decisão real sabe a diferença entre avançar e ser empurrado. Nossa decisão de escapar foi uma decisão real e livre."[7] Levi disse algo semelhante ao conversar com Philip Roth sobre seus dez últimos dias em Auschwitz: "Senti-me como Robinson Crusoé, mas com uma diferença importante: Crusoé começou a trabalhar para a sua sobrevivência individual, enquanto eu e os meus dois companheiros franceses estávamos conscientemente [...] dispostos a trabalhar [...] para salvar as vidas dos nossos camaradas doentes."[8]
3. Sorte. Nessa mesma entrevista, Roth sustenta que o pensamento contribuía para a sobrevivência de Levi, que sua sobrevivência estava enraizada em seu "caráter profissional: o homem de precisão, o controlador de experimentos que busca o princípio da ordem, confrontado com a distorção de tudo o que ele valoriza". Levi protestou educadamente, mas com firmeza: "Quanto à sobrevivência, [...] eu insisto que não havia uma regra geral, exceto entrar no campo com boa saúde e saber alemão. Salvo isto, a sorte dominou. Vi a sobrevivência de pessoas espertas e tolas, dos corajosos e dos covardes, dos 'pensadores' e dos loucos. No meu caso, a sorte desempenhou um papel essencial em pelo menos duas ocasiões: em me levar a conhecer o pedreiro italiano e em ficar doente apenas uma vez, mas no momento certo."[9]

Todos os autores considerados neste estudo teriam concordado: não havia algoritmo de sobrevivência e, além disso, não havia nenhuma virtude particular em ter sobrevivido e nenhum demérito particular em ter sucumbido. Não há lugar para sentimentalismo aqui. Não há motivos para criar mitos de superação.

    O que será dessas histórias? A minha geração já é idosa. Para as pessoas da minha idade, que eram crianças imediatamente após a Segunda Guerra Mundial, o conhecimento do Holocausto ajudou a moldar a nossa consciência política e a nossa orientação para o mundo. Não é assim com a geração dos meus netos. Será que eles se darão ao trabalho de recuperar o passado, de recuperá-lo na sua especificidade e concretude?

Notas

INTRODUÇÃO

1. Jorge Semprún, citado em Tony Judt, *Postwar: A History of Europe since 1945* (Nova York: Penguin Press, 2005), p. 829.
2. Não pretendo cobrir toda a gama de horrores. Não me referi à experiência daqueles, como os judeus soviéticos, cujo testemunho não é acessível em inglês.
3. Ver LEJEUNE, Philippe. *On Autobiography*. Trad. de Katherine Leary (Mineápolis: University of Minnesota Press, 1989).
4. GEERTZ, Clifford. *Works and Lives: The Antropologist as Author* (Stanford, CA: Stanford University Press, 1988), pp. 4, 79.
5. KLUGER, Ruth. *Still Alive: A Holocaust Girlhood Remembered* (Nova York: Feminist Press, 2001), pp. 66, 109.

CAPÍTULO 1

1. Ver ELON, Amos. "The Jew Who Fought to Stay German". New York Times Magazine, 24 mar. 1996; e SCHMID, John. "An East German Publishing Coup". New York Times, 7 out. 1996.

2. GAY, Peter. "Inside the Third Reich". New York Times Book Review, 22 nov. 1998. Ver GOLDHAGEN, Daniel Jonah. Hitler's willing executioners: Ordinary Germans and the Holocaust (Nova York: Knopf, 1996).

3. CRAIG, Gordon A. "Destiny in Any Case". New York Review of Books, 3 dez. 1998.

4. BARTOV, Omer. "The Last German," New Republic, 28 dez. 1998. Ver também ELON, Amos. "The Jew Who Fought to Stay German"; LAQUEUR, Walter. "Three Witnesses: The Legacy of Viktor Klemperer, Willy Cohen, and Richard Koch". Holocaust and Genocide Studies, n. 10, 1996, pp. 252-66; TRAVERSO, Paola. "Victor Klemperers Deutschlandbild — Ein jüdisches Tagebuch?" Tel Aviver Jahrbuch für Deutsche Geschichte, n. 26, 1997, pp. 307-44; TURNER, Henry Ashby, Jr. "Victor Klemperer's Holocaust". German Studies Review, n. 22, 1999, pp. 385-95; e ASCHHEIM, Steven E. Scholem, Arendt, Klemperer: Intimate Chronicles in Turbulent Times (Bloomington: Indiana University Press, 2001), pp. 70-98.

5. CHALMERS, Martin. Prefácio de KLEMPERER, Victor. I will Bear Witness: A Diary of the Nazi Years 1933-1945. Trad. de Martin Chalmers, 2 vols. (New York: Random House, 1998-9), 1, p. vii. Ver também DIRSCHAUER, Johannes. Tagebuch gegen den Untergang: Zur Faszination Victor Klemperers (Giessen: Psychosozial-Verlag, 1997); e JACOBS, Peter. Victor Klemperer: Im Kern ein deutsches Gewächs: Eine Biographie (Berlim: Aufbau, 2000).

6. Ver KLEMPERER, Victor. Curriculum Vitae: Erinnerungen 1881-1918. Editado por Walter Nowojski, 2 vols. (Berlim: Augbau-Verlag, 1996), 1, pp. 599-600. Para os diários de Klemperer que cobrem os anos da República de Weimar, ver KLEMPERER, Victor. Leben sammeln, nicht fragen wozu und warum. Editado por Walter Nowojski com a ajuda de Christian Löser, 2 vols. (Berlim: Aufbau-Verlag, 1996).

7. KLEMPERER, Victor. I will Bear Witness, 1, 10 abr. 1933, p. 12.

8. Ver LIEBSCH, Heike. "'Ein Tier ist nicht rechtloser und gehetzter': Die Verfolgung der jüdischer Bevölkerung Dresdens 1933 bis 1937", p. 74, e GOLDENBOGEN, Nora. "'Man wird keinen von ihnen wiedersehen': Die Vernichtung der Dresdener Juden 1938-1945", p. 109. Ambos em HEER, Hannes. (Org.). Im Herzen der Finsternis: Victor Klemperer als Chronist der NS-Zeit (Berlim: Aufbau-Verlag, 1997).

9. KLEMPERER, Victor. The Language of the Third: LTI, Lingua Tertii Imperii: A Philologist's Notebook. Trad. de Martin Brady (Londres: Continuum, 2006), pp. ix, 6.

10. KLEMPERER, Victor. I will Bear Witness, 2, 9 jun. 1942, p. 70; e 27 maio 1942, p. 61.

11. Ver ibid., 1, 5 dez. 1941, p. 448.

12. KLEMPERER, Victor. Language of the Third Reich, p. 9.

13. KLEMPERER, I will Bear Witness, 1, 6 out. 1934, p. 91.

14. Ver ibid., 1, 21 jul. 1935, p. 128; e 6 mar. 1936, p. 154.

15. Ibid., 1, 12 dez. 1933, p. 43; e 10 abr. 1933, p. 12.

16. Ibid., 1, 17 jun. 1934, p. 73.

17. Ibid., 1, 16 set. 1935, p. 131; 31 mar. 1936, p. 157; e 11 fev. 1936, p. 153 (ênfase no original).

18. Ibid., 1, 29 set. 1934, p. 89; 24 jan. 1936, p. 149; 12 abr. 1936, p. 159; e 24 abr. 1936, p. 160.

19. Ibid., 1, 4 out. 1936, p. 193; e 26 nov. 1936, p. 200.

20. Ibid., 1, 6 dez. 1938, p. 279; e 29 jun. 1938, p. 260.

21. Ibid., 1, 2 maio 1935, p. 119; 9 nov. 1933, p. 40; e 12 dez. 1933, p. 44 (ênfase no original).

22. KLEMPERER, Victor. Language of the Third Reich, p. 10.

23. Ibid., p. 10.

24. KLEMPERER, Victor. I Will Bear Witness, 1, 25 nov. 1938, p. 274; e 27 nov. 1938, pp. 275-6.

25. Ibid., 1, 27 nov. 1938, p. 276; 3 dez. 1938, p. 278; 15 dez. 1938, p. 280; e 6 mar. 1939, p. 295.

26. Ibid., 1, 14 abr. 1939, p. 381; e 27 jul. 1941, p. 424.

27. Ibid., 1, 9 jul. 1933, p. 24; 2 maio 1935, p. 120; e 9 jul. 1941, pp. 388-9 (ênfase no original).

28. Ibid., 1, 24 jul. 1940, p. 350; 20 dez. 1940, p. 365; 25 fev. 1941, p. 376; e 2, 24 mar. 1942, p. 32.

29. Ibid, 1, 9 jul. 1933, p. 23; 13 jun. 1934, pp. 68-9; e 12 nov. 1939, p. 319 (ênfase no original).

30. Ibid., 1, 15 maio 1941, p. 385; 3 abr. 1933, p. 11; 14 jul. 1934, pp. 74-5; 2 fev. 1934, p. 53; e 18 out. 1936, p. 199.

31. FRIEDLÄNDER, Saul. Nazi Germany and the Jews, 2 vols. (Nova York: HarperCollins, 1997-2007), 1, p. 291.

32. KLEMPERER, Victor. I will Bear Witness, 1, 5 abr. 1938, p. 253.

33. Ibid., 1, 9 out. 1938, p. 272.

34. Ibid., 1, 26 maio 1940, pp. 339-41, e 2, 2 set. 1942, p. 136 (ênfase no original).

35. Ibid., 1, 26 maio 1940, pp. 340-2; 18 nov. 1941, p. 444; 2, 25 ago. 1942, p. 132; e 6 mar. 1942, p. 24.

36. Ibid., 1, 6 jul. 1940, pp. 345-6; 21 nov. 1941, p. 445; e 2, 22 maio 1942, p. 55.

37. Ibid., 2, 15 fev. 1942, p. 15; 11 jun. 1942, pp. 73-4; e 20 ago. 1942, pp. 126-7 (ênfase no original).

38. Ibid., 2, 25 ago. 1942, p. 132.

39. Ibid., 2, 1 set. 1942, p. 136; 4 set. 1942, p. 137; e 28 set. 1942, pp. 149-50.

40. Ibid., 2, 16 abr. 1943, p. 213.

41. Ibid., 2, 24 jun. 1943, p. 328, e 21 maio 1943, p. 231.

42. Ibid., 2, 7 out. 1943, p. 267; e 22 maio 1943, p. 233 (ênfase no original).

43. Ibid., 2, 29 maio 1943, p. 234; e 14 jan. 1943, p. 391 (ênfase no original).

44. Ibid., 2, 1 out. 1943, p. 266; 19 jun. 1942, p. 81; 4 mar. 1943, p. 206; e 10 jun. 1943, p. 237.

45. KLEMPERER, Victor. The Lesser Evil: The Diaries of Victor Klemperer 1945-1959. Resumo e trad. de Martin Chalmers (Londres: Weidenfeld & Nicolson, 2003), 24 set. 1945, p. 56.

46. KLEMPERER, Victor. I Will Bear Witness, 2, 19 jun. 1942, p. 81; 24 jan. 1943, p. 192; e 27 out. 1942, p. 158.

47. Ibid., 2, 12 dez. 1943, p. 277; e 14 dez. 1943, p. 278.

48. Ibid., 2, 20 abr. 1945, p. 457; e 21 fev. 1945, p. 420.

49. Ibid., 2, 22-24 fev. 1945, pp. 407-9.

50. Ibid., 2, 19 fev. 1945, p. 415; e 23 mar. 1945, p. 436 (ênfase no original).

51. Ibid., 2, 8 maio 1945, p. 476; 15 maio 1945, p. 479-80; e 26 maio 1945, p. 494.

52. Ibid., 2, 29 maio-10 jun., 1945, p. 514.

53. Ver ASCHHEIM, Steven E. "Comrade Klemperer: Communism, Liberalism, and Jewishness in the DDR. The later diaries 1945-59". Journal of Contemporary History, n. 36, 2001, pp. 325-43.

54. KLEMPERER, Victor. The Lesser Evil, 26 jul. 1945, p. 30; 20 nov. 1945, p. 72; e 12 ago. 1947, p. 212 (ênfase no original).

CAPÍTULO 2

1. FRIEDLÄNDER, Saul. Nazi Germany and the Jews, 2 vols. (Nova York: HarperCollins, 1997-2007), 1, p. 5.

2. KLUGER, Ruth. Still Alive: A Holocaust Girlhood Remembered (Nova York: Feminist Press, 2001), p. 208. Ver também KLÜGER, Ruth. weiter leben: Eine Jugend (Göttingen: Wallstein, 1992); e unterwegs verloren: Erinnerungen (Viena: Paul Zsolnay, 2008), pp. 155-76. Nos livros em alemão, Kluger soletra seu nome com trema; em inglês, ela abandona o sinal. Para mais reflexões, ver KLUGER, Ruth. "The Future of Holocaust Literature". German Studies Review, n. 37, 2014, pp. 391-403. Para resenhas de Still Alive, ver DICKSTEIN, Lore. "Betrayal Begins at Home". New York Times, 9 dez. 2001; LIPTON, Eunice. "Survival Skills". Women's Review of Books, n. 19.4, jan. 2002, pp. 11-2; ANNAN, Gabriele. "Surviving". New York Review of Books, 7 nov. 2002; e SCHULTE-SASSE, Linda. "'Living on' in the American Press: Ruth Kluger's 'Still Alive' and its Challenge to a Cherished Holocaust Paradigm". German Studies Review, n. 27, 2004, pp. 469-75. Para comentários, ver BOS, Pascale R. German-Jewish Literature in the Wake of the Holocaust: Grete Weil, Ruth

Klüger, and the Politics of Address (Nova York: Palgrave, 2005), pp. 71-88.

3. KLUGER, Ruth. Still Alive, pp. 208, 210.
4. Ibid., pp. 68-9, 67 (ênfase no original).
5. Ibid., pp. 15, 17.
6. Ibid., pp. 20-1 (ênfase no original).
7. Ibid., p. 28.
8. Ibid., p. 83.
9. Ibid., pp. 35-6, 39 (ênfase no original).
10. Ibid., pp. 26, 35, 58, 57 (ênfase no original).
11. Ibid., pp. 22, 41.
12. Ibid., pp. 55, 58.
13. Ibid., p. 73.
14. Ibid., p. 70.
15. Ibid., pp. 87, 74.
16. Ibid., pp. 86, 75.
17. Ibid., pp. 84, 76, 87 (ênfase no original).
18. Ibid., p. 86.
19. Ibid., p. 94.
20. Ibid., p. 92.

21. KULKA, Otto Dov. Landscapes of the Metropolis of Death: Reflections on Memory and Imagination. Trad. de Ralph Mandel (Cambridge, MA: Harvard University Press, 2013), p. 105. Ver também KEREN, Nili. "The Family Camp". In: BERENBAUM, Michael; GUTMAN, Israel (Orgs.). Anatomy of the Auschwitz Death Camp (Bloomington: Indiana University Press, 1994), pp. 428-40.

22. Ver KULKA, Otto Dov. Landscapes of the Metropolis of Death: Reflections on Memory and Imagination, p. 107.

23. KLUGER, Ruth. Still Alive, p. 103-5 (ênfase no original).
24. Ibid., pp. 105-8.
25. Ibid., pp. 108, 106.
26. Ibid., pp. 117, 126.
27. Ibid., pp. 117-8.
28. Ibid., pp. 12-5.
29. BLATMAN, Danial. The Death Marches: The Final Phase of the Nazi

Genocide. Trad. de Chaya Galai (Cambridge, MA: Harvard University Press, 2011), pp. 1, 2. Nikolaus Wachsmann dá um número de 150 mil mortos: veja kl: A history of the Nazi Concentration Camps (Nova York: Farrar, Straus and Giroux, 2015), p. 767n184. Claramente, é impossível chegar a um número exato.

30. KLUGER, Ruth. Still Alive, pp. 122, 137.

31. Ibid., pp. 142, 143.

32. Ibid., p. 149.

33. Ibid., p. 151.

34. Ibid., pp. 176-8.

35. Ibid., p. 184 (ênfase no original).

36. GŁOWIŃSKI, Michał. The Black Seasons. Trad. de Marci Shore (Evanston, IL: Northwestern University Press, 2005), pp. 3, 103.

37. Ibid., p. 5.

38. Ibid., p. 13.

39. Ibid., pp. 6, 7.

40. Ibid., p. 9.

41. Ibid., pp. 10-1.

42. Ibid., p. 12.

43. Ibid., pp. 13-6.

44. Ibid., pp. 42, 33.

45. Ibid., pp. 41, 43.

46. Ibid., p. 60.

47. Ibid., p. 62.

48. Ibid., pp. 63, 65 (ênfase no original).

49. Ibid., pp. 64, 65.

50. Ibid., p. 77.

51. Ibid., pp. 77-8.

52. Ibid., p. 80.

53. Ibid., p. 81.

54. Ibid., pp. 92, 91.

55. Ibid., pp. 92-5.

56. Ibid., p. 95.

57. Ibid., p. 97.

58. Ibid., pp. 111, 115.
59. Ibid.,pp. 116-7.
60. Ibid., pp. 120-3.
61. Ibid., pp. 123-4.
62. Ibid., pp. 131-2.
63. Ibid., pp.130-1.
64. Ibid., pp. 164, 125-6.
65. Ibid., pp. 126-7.
66. Ibid., p. 127.
67. Ibid., p. 129.
68. Ibid., pp. 134, 137.
69. KLUGER, Ruth. Still Alive, p. 138.
70. GŁOWIŃSKI, Michał. The Black Seasons, p. 59.

CAPÍTULO 3

1. LEVI, Primo. If This Is a Man. Trad. de Stuart Woolf. In: The Complete Works of Primo Levi. Org. de Ann Goldstein, 3 vols. (New York: Liveright, 2015), 1, p. 57.

2. Ver LEVI, Primo. The Voice of Memory: Interviews 1961-1987. Org. de Marco Belpoliti e Robert Gordon. Trad. de Robert Gordon (Nova York: New Press, 2001), pp. 162, 250. A melhor biografia de Levi é THOMSON, Ian. Primo Levi (Londres: Hutchison, 2002). Ver também ANISSIMOV, Myriam. Primo Levi: The Tragedy of an Optimist. Trad. de Steve Cox (Woodstock, NY: Overlook Press, 1998); e ANGIER, Carole. The Double Bond: Primo Levi, a Biography (Nova York: Farrar, Straus and Giroux, 2002). Acredito que as seguintes avaliações críticas sejam úteis: GORDON, Robert S. C. C. Primo Levi's Ordinary Virtues: From Testimony to Ethics (Oxford: Oxford University Press, 2001); GORDON, Robert S. C. C. , (Org.). The Cambridge Companion to Primo Levi (Cambridge: Cambridge University Press, 2007); DRUKER, Jonathan. Primo Levi and Humanism after Auschwitz: Posthumanist Reflections (Nova York: Palgrave Macmillan, 2009); MARCUS, Millicent; SODI, Risa (Orgs.). New Reflections on Primo

Levi: Before and after Auschwitz (Nova York: Palgrave Macmillan, 2011); e HARROWITZ, Nancy. Primo Levi and the Identity of a Survivor (Toronto: University of Toronto Press, 2016).

3. LEVI, Primo. The Periodic Table. Trad. de Ann Goldstein. In: Complete Works, 2, pp. 782, 785.

4. Ibid., p. 800.

5. Ibid., pp. 858-9.

6. LEVI, Primo. If This Is a Man, p. 9. Ver LUZZATTO, Sergio. Primo Levi's Resistance: Rebels and Collaborators in Occupied Italy. Trad. de Frederika Randall (Nova York: Metropolitan, 2016).

7. LEVI, Primo. The Periodic Table, p. 861.

8. LEVI, Primo. The Voice of Memory, pp. 69, 102.

9. LEVI, Primo. If This Is a Man, p. 82.

10. Ibid., p. 5.

11. LEVI, Primo. The Drowned and the Aaved. Trad. de Michael F. Moore. In: Complete Works 3: pp. 2.466-7.

12. LEVI, Primo. If This Is a Man, p. 25 (ênfase no original).

13. Ibid., p. 12 (ênfase no original).

14. Ver LEVI, Primo com Leonardo de Benedetti, Auschwitz Report. Editado por Robert s. c. Gordon. Trad. de Judith Woolf (Londres: Verso, 2006), pp. 32-5.

15. Ver LEVI, Primo. Uncollected Stories and Essays: 1949-1980. Trad. de Alessandra Bastagli e Francesco Bastagli. In: Complete Works 2: p. 1.298.

16. LEVI, Primo. If This Is a Man, pp. 15-6.

17. WACHSMANN, Nikolaus. kl: A History of the Nazi Concentration Camps (Nova York: Farrar, Straus and Giroux, 2015), pp. 345, 453.

18. LEVI, Primo. If This Is a Man, p. 18, 19, 23, 22 (ênfase no original).

19. Ibid., p. 24 (ênfase no original).

20. Ibid., pp. 29-30 (ênfase no original).

21. Ibid., p. 30 (ênfase no original).

22. Ibid., pp. 30, 31 (ênfase no original).

23. Ibid., pp. 56, 58-9.

24. Ibid., pp. 32-3.

25. Ibid., pp. 83, 85 (ênfase no original). Para melhorar suas chances de

sobrevivência, Levi teve aulas de alemão de um colega prisioneiro, pagando-lhe com pão. Ver Levi, The Drowned and the Saved, pp. 2.474-5, 2.478-9.

26. LEVI, Primo. If This Is a Man, p. 39, 40.
27. Ibid., p. 85.
28. Ibid., pp. 85-7 (ênfase no original).
29. Ver ANGIER, Carole. The Double Bond, p. 346.
30. LEVI, Primo. If This Is a Man, p. 88.
31. Ibid., p. 89.
32. Ibid., pp. 89-90 (ênfase no original).
33. Ibid., p. 115.
34. Primo Levi, Lilith and Other Stories. Trad. de Ann Goldstein. In: Complete Works 2, p. 1.403.
35. Ibid., pp. 1.404, 1.403.
36. Ibid., p. 1.357.
37. LEVI, Primo. If This Is a Man, p. 113.
38. Ibid., p. 116.
39. Ibid., pp. 100-1 (ênfase no original).
40. Ibid., p. 131.
41. Ibid., p. 119 (ênfase no original).
42. Ibid., pp. 120, 122.
43. Ibid., pp. 122-3.
44. Ibid., pp. 123-4.
45. Ibid., pp. 133, 132 (ênfase no original).
46. Ibid., pp. 133, 135.
47. Ibid., p. 134.
48. Ibid., p. 136.
49. Ibid., p. 134.
50. LEVI, Primo. Stories and Essays. Trad. de Anne Milano Appel. In: Complete Works 3, p. 2.292.
51. Ibid., p. 2.291-3.
52. LEVI, Primo. If This Is a Man, p. 132.
53. Ver BLATMAN, Daniel. The Death Marches: The Final Phase of Nazi Genocide. Trad. de Chaya Galai (Cambridge, MA: Harvard University Press, 2011), p. 81.

54. Ver WACHSMANN, kl, pp. 558-60. Ver também BLATMAN, The Death Marches, pp. 79-97, e MASUROVSKY, Marc. "Visualizing the Evacuations from the Auschwitz-Birkenau Camp System: When Does an Evacuation Turn into a Death March?". In: BLONDEL, Jean-Luc; SCHÖNEMANN, Sebastian; URBAN, Susanne. (Orgs.). Freilungen: Auf den Spuren der Todesmärsche. (Göttingen: Wallstein, 2012), pp. 108-21.

55. LEVI, Primo. If This Is a Man, p. 148.

56. Ibid., p. 149.

57. HUGHES, H. Stuart. Prisoners of Hope: The Silver Age of the Italian Jews 1924-1974. (Cambridge, MA: Harvard University Press, 1983), p. 78.

58. LEVI, Primo. If This Is a Man, p. 149.

59. Ibid., pp. 151, 152.

60. Ibid., p. 155.

61. Ibid., pp. 154, 157.

62. Ibid., pp. 153, 157, 158.

63. Ibid., pp. 158-9, 164.

64. LEVI, Primo. The Truce. Trad. de Ann Goldstein. In: Complete Works 1, p. 216.

65. LEVI, Primo. If This Is a Man, pp. 93-5 (ênfase no original).

66. STEINBERG, Paul. Speak You Also: A Survivor's Reckoning. Trad. de Linda Coverdale (Nova York: Picador, 2000), p. 138. Para comentários, veja EGAN, Susanna. "The Drowned and the Saved: Primo Levi and Paul Steinberg in Dialogue". History and Memory, n. 13, 2001, pp. 96-112.

67. STEINBERG, Paul. Speak You Also: A survivor's Reckoning. pp. 48, 63 (ênfase no original).

68. Ibid., p. 39.

69. Ibid., pp. 34-5, 3740.

70. Ibid., p. 8.

71. Ibid., pp. 5, 7-8.

72. Ibid., pp. 100-1.

73. ANGIER, Carole. The Double Bond, p. 781.

74. Ver STEINBERG, Paul. Speak You Also, p. 47.

75. Ibid., pp. 54, 46, 71, 70.

76. Ibid., p. 75, 76, 87.

77. LEVI, Primo. If This Is a Man, p. 94.
78. STEINBERG, Paul. Speak You Also, p. 88-9.
79. Ibid., p. 121, 125-6.
80. Ibid., p. 126.
81. Ibid., p.130-1.
82. Ver TARROW, Susan. "Remembering Primo Levi: A Conversation with 'Il Pikolo del Kommando 98'". Forum Italicum: Journal of Italian Studies, n. 28, 1994, pp. 101-10.
83. LEVI, Primo. If This Is a Man, pp. 106-9 (ênfase no original).
84. Ibid., p. 109.

CAPÍTULO 4

1. Para os acontecimentos na Hungria, ver BRAHAM, Randolph L. *The Politics of Genocide: The Holocaust in Hungary*, 3ª ed., 2 vols. (Nova York: Columbia University Press, 2016). Ver também ALY, Götz; GERLACH, Christian. *Das letzte Kapitel: Realpolitik, Ideologie und der Mord an den ungarischen Juden 1944-1945*. (Stuttgart: Deutsche Verlags-Anstalt, 2002).
2. BENSHALOM, Rafi. *We Struggled for Life: The Hungarian Zionist Youth Resistance During the Nazi Era* (Jerusalém: Gefen, 2001), pp. 8-10. In: CSŐSZ, László; KÁDÁR, Gábor; VÁGI, Zoltán. (Orgs.). *The Holocaust in Hungary: Evolution of a Genocide* (Lanham, MD: AltaMira Press, 2013), p. xlvii.
3. Ver BRAHAM, Randolph L. "Hungarian Jews". In: BERENBAUM, Michael; GUTMAN, Israel. (Orgs.). *Anatomy of the Auschwitz Death Camp* (Bloomington: Indiana University Press, 1994), p. 465.
4. KERTÉSZ, Imre. *The Holocaust as Culture*. Trad. de Thomas Cooper (Londres: Seagull Books, 2011), pp. 40-1. Kertész celebrou um *bar mitzvah* aos treze anos. Ver KERTÉSZ, Imre. *Dossier K*. Trad. de Tim Wilkinson (Brooklyn, NY: Melville House, 2013), pp. 42-3.
5. KERTÉSZ, Imre. "Nobel Lecture 2002: Heureka". Disponível em: <www.nobelprize.org/nobel_prizes/literature/laureates/2002/kertész--lecture-e.html>, pp. 3-4.
6. KERTÉSZ, Imre. *Dossier K*, p. 8. Para comentários sobre *Fateless-*

ness, ver DÉAK, István. "Stranger in Hell". *New York Review of Books*, 25 set. 2003; VASVÁRI, Louise O.; ZEPETNEK, Steven Tötösy de. (Orgs.). *Imre Kertész and Holocaust Literature* (West Lafayette, IN: Purdue University Press, 2005); FRÖLICH, Margrit. "Jenseits der Tatsachen und Erinnerungen: Imre Kertész' Roman eines Schicksallosen als literarisches Zeugnis des Holocaust". In: Elm, Michael; Kössler, Gottfried (Orgs.). *Zeugenschaft des Holocaust: Zwischen Trauma, Tradierung und Ermittlung*. (Frankfurt: Campus Verlag, 2007), pp. 230-45; MILLER, J. Hillis. *The Conflagration of Community: Fiction before and after Auschwitz* (Chicago: University of Chicago Press, 2011), pp. 177-227; e DERWIN, Susan. *Rage is the Subtext: Readings in Holocaust Literature and Film* (Columbus: Ohio State University Press, 2012), pp. 79-105.

7. KERTÉSZ, Imre. *Fatelessness*. Trad. de Tim Wilkinson (Nova York: Vintage, 2004), p. 3.

8. KERTÉSZ escreveu o roteiro de uma versão cinematográfica de seu livro, gravada na Hungria e intitulada *Fateless*, que foi lançada em 2005. Usando cenas muito curtas e escuras, ele captura os principais eventos do livro; mas não reproduz o tom irônico.

9. KERTÉSZ, Imre. "Nobel Lecture". p. 4.

10. Por causa da falta de distinção entre presente e passado, escolhi me referir ao narrador/ protagonista pelo seu primeiro nome.

11. KERTÉSZ, Imre. *Fatelessness*, pp. 260, 258, 261, 259.

12. LEVI, Primo. *If This Is a Man*. Trad. de Stuart Woolf. In: *The Complete Works of Primo Levi*. Org. de Ann Goldstein, 3 vols. (Nova York: Liveright, 2015), 1, p. 85.

13. LEVI, Primo. *The Drowned and the Saved*. Trad. de Michael F. Moore. In: *Complete Works* 3, p. 2.468-9.

14. Para uma discussão sobre o testemunho e o *Muselmann*, ver AGAMBEN, Giogio. *Remnants of Auschwitz: The Witness and the Archive*. Trad. de Daniel Heller-Roazen (Nova York: Zone Books, 1999), pp. 41-86.

15. KERTÉSZ, Imre. *Fatelessness*, p. 28.

16. Ibid., pp. 40-1.

17. Ibid., pp. 52-6.

18. Ibid., pp. 56-7.

19. Ibid., p. 249.
20. Ibid., pp. 59, 63.
21. Ibid., pp. 63-4.
22. Ibid., pp. 76-9 (ênfase no original).
23. Ibid., pp. 82, 85-6 (ênfase no original).
24. Ibid., pp. 110-2.
25. Ibid., p. 113 (ênfase no original).
26. Ibid., p. 124 (ênfase no original).
27. Ibid., p. 128.
28. Ver WACHSMANN, Nikolaus. *kl: A History of the Nazi Concentration Camps*.
(Nova York: Farrar, Straus e Giroux, 2015), pp. 465-6.
29. KERTÉSZ, Imre. *Fatelessness*, pp. 135-6.
30. KERTÉSZ, Imre. *Dossier K*, pp. 12-3.
31. KERTÉSZ, Imre. *Fatelessness*, pp. 132, 136-7.
32. Ibid., pp. 145, 144, 147.
33. Ibid., pp. 149, 165, 171-3 (ênfase no original).
34. Ibid., p. 173.
35. Ibid., pp. 181-2, 180, 183.
36. Ibid., pp. 184, 185, 186-7 (ênfase no original).
37. Ibid., p. 187, 189. Em sua palestra no Prêmio Nobel, Kertész disse ao público que, enquanto preparava seu discurso, recebeu um pacote do diretor do Buchenwald Memorial Center. O pacote continha uma cópia do relatório diário de 18 de fevereiro de 1945. Na coluna "Decremento", Kertész viu, na lista, "Prisioneiro #64921, Imre Kertész, operário de fábrica, nascido em 1927". Dois dos dados eram falsos: Kertész disse que era dois anos mais velho do que realmente era e afirmou ser um trabalhador, não um estudante. Ambas as mentiras visaram, com sucesso, fazê-lo parecer mais útil para seus captores. KERTÉSZ, Imre. "Nobel Lecture 2002: Heureka", p. 6.
38. KERTÉSZ, Imre. *Fatelessness*, pp. 200, 201 (ênfase no original).
39. Ibid., pp. 207, 225.
40. Ibid., p. 208.
41. Ibid., pp. 229, 226 (ênfase no original).
42. Ver BLATMAN, Daniel. *The Death Marches: The Final Phase of Nazi*

Genocide. Trad. de Chaya Galai (Cambridge, MA: Harvard University Press, 2011), p. 97.

43. KERTÉSZ, Imre. *Fatelessness*, p. 229 (ênfase no original).

44. Ibid., p. 230.

45. Ver BLATMAN, *The Death Marches*, p. 151; e WACHSMANN, *kl*, p. 579.

46. KERTÉSZ, Imre. *Fatelessness*, pp. 233, 234 (ênfase no original).

47. KOGON, Eugen. *The Theory and Practice of Hell: German Concentration Camps and the System Behind Them*. Trad. de Heinz Norden (Nova York: Farrar, Straus, 1950), p. 257.

48. KERTÉSZ, Imre. *Fatelessness*, pp. 235, 234, 236 (ênfase no original).

49. Ibid., pp. 246-8 (ênfase no original).

50. Ibid., pp. 249-250.

CAPÍTULO 5

1. ZSOLT, Béla. *Nine Suitcases: A memoir*. Trad. de Ladislaus Löb (Nova York: Schocken Books, 2004), p. 119.

2. Ibid., pp. 275, 255.

3. Ibid., pp. 1, 9.

4. Ibid., p. 33.

5. Ibid., p. 34.

6. Ibid., pp. 34, 36-7.

7. Ibid., pp. 15-7 (ênfase no original).

8. Ibid., pp. 17-8.

9. Ibid., p. 260 (letras maiúsculas no original).

10. Ibid., p. 71.

11. Ibid., p. 21.

12. Ver ROZETT, Robert. *Conscripted Slaves: Hungarian Jewish Forced Laborers on the Eastern Front During the Second World War*. (Jerusalém: Yad Vashem, 2013), p. 60.

13. BRAHAM, Randolph L. *The Hungarian Labor Service System, 1939-1945* (Nova York: Columbia University Press, 1977), p. 27.

14. ZSOLT, Béla. *Nine Suitcases: A memoir*, p. 135.

15. Ibid., pp. 154-5.
16. Ibid., p. 157.
17. Ibid., pp. 158-9.
18. Ibid., p. 160.
19. Ibid., pp. 188-92.
20. Ibid., pp. 236-7.
21. Zsolt escreveu que "passou dezenove meses em trabalho forçado na Rússia", ibid., p. 216. Sua enteada refere-se a quinze meses, o que, dada a cronologia, parece mais plausível. Acrescentando os quatro meses que passou como prisioneiro político, chega-se a um total de dezenove. Ver HEYMAN, Éva. *The Diary of Éva Heyman*. Trad. de Misha M. Kohn (Nova York: Shapolsky, 1988), p. 43.
22. HEYMAN, Éva. *The Diary of Éva Heyman*, p. 104.
23. ZSOLT, Béla. *Nine Suitcases: A memoir*, pp. 231-3.
24. Ibid., pp. 125-9.
25. Ibid., pp. 244-5.
26. Ibid., pp. 248-249.
27. Ibid., pp. 246-8.
28. Ibid., pp. 248, 52.
29. Ibid., pp. 251-2, 255.
30. Ibid., p. 257.
31. Ibid., p. 255.
32. Ibid., p. 263.
33. Ibid., p. 264.
34. Ibid., p. 264.
35. Ibid., pp. 267-70.
36. Ibid., pp. 272, 321.
37. Dois livros recentes sobre o trem Kasztner são: PORTER, Anna. *The Kasztner Train: The True Story of an Unknown Hero of the Holocaust* (Nova York: Walker, 2007); e FLORENCE, Ronald. *Emissary of the Doomed: Bargaining for Lives in the Holocaust* (Nova York: Viking, 2010). O relato mais confiável e acadêmico permanece sendo BAUER, Yehuda. *Jews for Sale? Nazi-Jewish Negotiations, 1933-1945* (New Haven, CT: Yale University Press, 1994).

38. ARENDT, Hannah. *Eichmann in Jerusalem: A Report on the Banality of Evil*. Edição ampliada e revisada. (Nova York: Penguin, 2006), pp. 132-3.

39. BAUER, Yehuda. *Jews for Sale? Nazi-Jewish Negotiations, 1933-1945*, p. 198.

40. SEGEV, Tom. *The Seventh Million: The Israelis and the Holocaust*. Trad. de Haim Watzman (Nova York: Hill and Wang, 1993), pp. 306, 308.

CONCLUSÃO

1. Ver FRIEDLÄNDER, Saul. *Nazi Germany and the Jews*, 2 vols. (Nova York: HarperCollins, 1997-2007), 2, p. xxvi, e *Memory, History and the Extermination of the Jews of Europe* (Bloomington: Indiana University Press, 1993), pp. 85-101.

2. KERTÉSZ, Imre. *The Holocaust as Culture*. Trad. de Thomas Cooper (Londres: Seagull Books, 2011), p. 59.

3. KLEMPERER, Victor. *I Will Bear Witness: A Diary of the Nazi Years 1933-1945*. Trad. de Martin Chalmers, 2 vols. (Nova York: Random House, 1998-9), 2, 27 maio 1942, p. 61.

4. LEVI, Primo. *The Drowned and the Saved*. Trad. de Michael F. Moore. In: *The Complete Works of Primo Levi*. Org. de Ann Goldstein, 3 vols. (Nova York: Liveright, 2015), 3, p. 2.469.

5. KERTÉSZ, Imre. *Fatelessness*. Trad. de Tim Wilkerson (Nova York: Vintage, 2004), p. 249.

6. LEVI, Primo. *If This Is a Man*. Trad. de Stuart Woolf. In: *Complete Works* 1: p. 85.

7. KLUGER, Ruth. *Still Alive: A Holocaust Girlhood Remembered* (Nova York: Feminist Press, 2001), p. 130.

8. "A Conversation with Primo Levi by Philip Roth". In: LEVI, Primo. *Survival in Auschwitz: The Nazi Assault on Humanity*. Trad. de Stuart Woolf (Nova York: Simon and Schuster, 1996), p. 180.

9. Ibid., p. 180.

Referências bibliográficas

ADLER, H. G. *Theresienstadt 1941-1945: The Face of a Coerced Community*. Trad. de Belinda Cooper. Cambridge: Cambridge University Press, 2017.

AGAMBEN, Giogio. *Remnants of Auschwitz: The Witness and the Archive*. Trad. de Daniel Heller-Roazen. Nova York: Zone Books, 1999.

ALLEN, Michael Thad. *The Business of Genocide: The SS, Slave Labor, and the Concentration Camps*. Chapel Hill: University of North Carolina Press, 2002.

ALY, Götz. *"Final Solution": Nazi Population Policy and the Murder of the European Jews*. Trad. de Belinda Cooper e Allison Brown. Nova York: Oxford University Press, 1999.

_____ e GERLACH, Christian. *Das letzte Kapitel: Realpolitik, Ideologie und der Mord an den ungarischen Juden 1944-1945*. Stuttgart: Deutsche Verlags-Anstalt, 2002.

AMÉRY, Jean. *At the Mind's Limits: Contemplations by a Survivor on Auschwitz and its Realities*. Trad. de Sidney Rosenfeld e Stella P. Rosenfeld.

Bloomington: Indiana University Press, 1980.
ANGIER, Carole. *The Double Bond: Primo Levi, a Biography*. Nova York: Farrar, Straus and Giroux, 2002.
ANISSIMOV, Myriam. *Primo Levi: The Tragedy of an Optimist*. Trad. de Steve Cox. Woodstock, NY: Overlook Press, 1998.
ANNAN, Gabriele. "Surviving". *New York Review of Books*, 7 nov. 2002.
APPELFELD, Aharon. "Individualization of the Holocaust". In: *Holocaust Chronicles: Individualizing the Holocaust Through Diaries and other Contemporaneous Personal Accounts*. Org. de Robert Moses Shapiro. Hoboken, NJ: Ktav, 1999.
ARENDT, Hannah. *The Origins of Totalitarianism*. Nova York: Harcourt, Brace, 1951.
_____. *Eichmann in Jerusalem: A Report on the Banality of Evil*. Ed. revisada e ampliada. Nova York: Penguin, 2006.
ASCHHEIM, Steven E. *Brothers and Strangers: The East European Jews in German and German Jewish Consciousness, 1800-1923*. Madison: University of Wisconsin Press, 1982.
_____. *Culture and Catastrophe: German and Jewish Confrontations with National Socialism and Other Crises*. Nova York: Macmillan, 1996.
_____. "Comrade Klemperer: Communism, Liberalism, and Jewishness in the DDR. The Later Diaries 1945-59". *Journal of Contemporary History*, n. 36, 2001, pp. 325-43.
_____. *Scholem, Arendt, Klemperer: Intimate Chronicles in Turbulent Times*. Bloomington: Indiana University Press, 2001.
BALAKIAN, Peter. "Poetry in Hell: Primo Levi and Dante at Auschwitz". *American Poetry Review*, n. 37, 2008, pp. 3-5.
BANKIER, David. *The Germans and the Final Solution: Public Opinion under Nazism*. Cambridge, MA: Basil Blackwell, 1992.
Bartov, Omer. *Murder in Our Midst: The Holocaust, Industrial Killing and Representation*. Nova York: Oxford University Press, 1996.
_____. "The Last German". *New Republic*, 28 dez. 1998.
BAUER, Yehuda. "The Death Marches, January-May 1945". *Modern Judaism* n. 3, 1983, pp. 1-21.
_____. *Jews for Sale? Nazi-Jewish Negotiations, 1933-1945*. New Haven,

CT: Yale University Press, 1994.
BAUER, Yehuda. *Rethinking the Holocaust.* New Haven, CT: Yale University Press, 2001.
BAUMAN, Zygmunt. *Modernity and the Holocaust.* Ithaca, NY: Cornell University Press, 1989.
BECKER, Jurek. *Jakob the Liar.* Trad. de Leila Vennewitz. Nova York: Harcourt Brace Jovanovich, 1975. Reimpressão. Nova York: Plume, 1990.
BERG, Mary. *Warsaw Ghetto: A Diary.* Org. de S. L. Shneiderman. Trad. de Norbert Guterman e Sylvia Glass. Nova York: Fischer, 1945.
BERNARD-DONALS, Michael; GLEJZER, Richard. *Between Witness and Testimony: The Holocaust and the Limits of Representation.* Albany: State University of New York Press, 2001.
BERNSTEIN, Michael André. *Foregone Conclusions: Against Apocalyptic History.* Berkeley: University of California Press, 1994.
_____. "The 'Schindler's List' Effect". *American Scholar*, n. 63, 1994, pp. 429-32.
BETTELHEIM, Bruno. "Individual and Mass Behavior in Extreme Situations". *Journal of Abnormal Social Psychology*, n. 38, 1943, pp. 417-52.
BIKONT, Anna. *The Crime and the Silence: Confronting the Massacre of Jews in Wartime Jedwabne.* Trad. de Alissa Valles. Nova York: Farrar, Straus and Giroux, 2015.
BLATMAN, Daniel. *The Death Marches: The Final Phase of the Nazi Genocide.* Trad. de Chaya Galai. Cambridge, MA: Harvard University Press, 2011.
BLOXHAM, Donald. *Genocide on Trial: War Crimes Trials and the Formation of Holocaust History and Memory.* Oxford: Oxford University Press, 2001.
BOROWSKI, Tadeuz. *This Way to the Gas, Ladies and Gentlemen.* Sel. e trad. de Barbara Vedder. Harmondsworth, Reino Unido: Penguin, 1967.
BOS, Pascale R. *German-Jewish Literature in the Wake of the Holocaust: Grete Weil, Ruth Klüger, and the Politics of address.* Nova York: Palgrave, 2005.
BRAHAM, Randolph L. *The Hungarian Labor Service System, 1939-1945.* Nova York: Columbia University Press, 1977.
_____. *The Politics of Genocide: The Holocaust in Hungary.* 3ª ed., 2 vols. Nova York: Columbia University Press, 2016.
BRENNER, Rachel F. *Writing as Resistance: Four Women Confronting the*

Holocaust. University Park: Pennsylvania State University Press, 1997.

BREZNITZ, Shlomo. *Memory Fields*. Nova York: Knopf, 1993.

BROSTOFF, Anita (Org.). *Flares of Memory: Stories of Childhood During the Holocaust*. Oxford: Oxford University Press, 2001.

BROWNING, Christopher R. *Nazi Policy, Jewish Workers. German killers*. Nova York: Cambridge University Press, 2000.

_____. *Collected Memories: Holocaust History and Postwar Testimony*. Madison: Universidade de Wisconsin Press, 2003.

_____. *Remembering Survival: Inside a Nazi Slave-Labor Camp*. Nova York: Norton, 2010.

BRUNER, Jerome. "The Autobiographical Process". *Current Sociology*, 1995, pp. 161-77.

BURLEIGH, Michael; WIPPERMANN, Wolfgang. *The Racial State: Germany 1933-1945*. Nova York: Cambridge University Press, 1991.

CARUTH, Cathy (Org.). *Trauma: Explorations in Memory*. Baltimore, MD: Johns Hopkins University Press, 1995.

CELAN, Paul. "Speech on the Occasion of Receiving the Literature Prize of the Free Hanseatic City of Bremen". In: *Selected Poems and Prose of Paul Celan*. Trad. de John Felstiner. Nova York: Norton, 2001.

CESARANI, David. *Becoming Eichmann*. Nova York: DaCapo, 2004.

_____. *Final Solution: The Fate of the Jews 1933-1949*. Londres: Macmillan, 2016.

CHALMERS, Martin. In: KLEMPERER, Victor. *I Will Bear Witness: A Diary of the Nazi Years 1933-1945*. Trad. de Martin Chalmers. 2 vols. Nova York: Random House, 1998-9.

CLENDINNEN, Inga. *Reading the Holocaust*. Nova York: Cambridge University Press, 1999.

CONFINO, Alon. "Narrative Form and Historical Sensation: On Saul Friedländer's 'The Years of Extermination'". *History and Theory*, n. 48, 2009, pp. 199-219.

_____. *A World Without Jews: The Nazi Imagination from Persecution to Genocide*. New Haven, CT: Yale University Press, 2014.

CSŐSZ, László; KÁDÁR, Gábor; VÁGI, Zoltán. (Orgs.). *The Holocaust in Hungary: Evolution of a Genocide*. Lanham, MD: AltaMira, 2013.

CRAIG, Gordon A. "Destiny in Any Case". *New York Review of Books*, 3 dez. 1998.

CZERNIAKÓW, Adam. *The Warsaw Diary of Adam Czerniakow: Prelude to Doom*. Org. de Raul Hilberg, Stanislaw Staron e Josef Kermisz. Trad. de Stanislaw Staron. Nova York: Stein and Day, 1979.

DAWIDOWICZ, Lucy. *The War Against the Jews 1933-1945*. Nova York: Holt, Rinehart and Winston, 1975.

DEÁK, István. "Holocaust Views: The Goldhagen Controversy in Retrospect". *Central European History*, n. 30, 1997, pp. 295-307.

_____. *Essays on Hitler's Europe*. Lincoln: University of Nebraska Press, 2001.

_____. "Stranger in Hell". *New York Review of Books*, 25. set. 2003.

_____. *Robbing the Jews: The Confiscation of Jewish Property in the Holocaust, 1933-1945.* Nova York: Cambridge University Press, 2008.

DELBO, Charlotte. *Auschwitz and after*. Trad. de Rosette C. Lamont. New Haven, CT: Yale University Press, 1995.

DERWIN, Susan. *Rage is the Subtext: Readings in Holocaust Literature and Film.* Columbus: Ohio State University Press, 2012.

DES PRES, Terrence. *The Survivor: Anatomy of Life in the Death Camps*. Nova York: Oxford University Press, 1975.

DICKSTEIN, Lore. "Betrayal Begins at Home". *New York Times*, 9. dez. 2001.

DIRSCHAUER, Johannes. *Tagebuch gegen den Untergang: Zur Faszination Victor Klemperers.* Giessen: Psicossocial-Verlag, 1997.

DRUKER, Jonathan. *Primo Levi and Humanism after Auschwitz: Posthumanist Reflections.* Nova York: Palgrave Macmillan, 2009.

DWORK, Deborah. *Children with a Star: Jewish Youth in Nazi Europe*. New Haven, CT: Yale University Press, 1991.

EGAN, Susanna. "The Drowned and the Saved: Primo Levi and Paul Steinberg in Dialogue". *History and Memory*, n. 13, 2001, pp. 96-112.

EHRENBURG, Ilya; GROSSMAN, Vasily. *The Complete Black Book of Russian Jewry.* Org. e trad. de David Patterson. New Brunswick, NJ: Transaction, 2002.

ELEY, Geoff (Org.). *The "Goldhagen Effect": History, Memory, Nazism-facing the German Past.* Ann Arbor, MI: University of Michigan Press, 2000.

ELON, Amos. "The Jew Who Fought to Stay German". *New York Times Magazine*, 24 mar. 1996.

ENGELKING, Barbara; LEOCIAK, Jacek. *The Warsaw Ghetto: AGguide to the Perished City*. New Haven, CT: Yale University Press, 2009.

ERICKSEN, Robert P. *Complicity in the Holocaust: Churches and Universities in Nazi Germany*. Nova York: Cambridge University Press, 2012.

EVANS, Richard J. *The Third Reich at War: How the Nazis Led Germany from Conquest to Disaster*. Londres: Allen Lane, 2008.

EZRAHI, Sidra D. "Representing Auschwitz". *History and Memory* n. 7, 1995, pp. 122-54.

FELMAN, Shoshana; LAUB, Dori. *Testimony: Crises of Witnessing in Literature, Psychoanalysis, and History*. Londres: Routledge, 1992.

FELSTINER, Mary L. *To Paint Her Life: Charlotte Salomon in the Nazi Era*. Nova York: HarperCollins, 1994.

FIGES, Eva. *Tales of Innocence and Experience: An Exploration*. Londres: Bloomsbury, 2003.

FILIP, Müller. *Eyewitness Auschwitz: Three Years in the Gas Chambers*. Org. e trad. de Susanne Flatauer. Chicago: Ivan R. Dee, 1999.

FINK, Ida. *A Scrap of Time and Other Stories*. Trad. de Madeline Levine e Francine Prose. Nova York: Pantheon, 1987.

FINKELSTEIN, Norman G. *The Holocaust Industry: Reflections on the Exploitation of Jewish Suffering*. Londres: Verso, 2000.

FLORENCE, Ronald. *Emissary of the Doomed: Bargaining for Lives in the Holocaust*. Nova York: Viking, 2010.

FRANK, Anne. *The Diary of a Young Girl*. Edição crítica. Org. de David Barnouw e Gerrold van Stroom. Trad. de Arnold J. Pomerans e B.M. Mooyaart-Doubleday. Londres: Viking, 1989.

FRANKL, Victor E. *Man's Search for Meaning: An Introduction to Logotherapy*. Trad. de Ilse Lasch. Boston: Beacon Press, 1959.

FRANKLIN, Ruth. *A Thousand Darknesses: Lies and Truth in Holocaust Fiction*. Nova York: Oxford University Press, 2011.

FREMONT, Helen. *After Long Silence: A Memoir*. Nova York: Delacorte Press, 1999.

FRIEDLÄNDER, Saul. *L'Antisemitisme: Histoire d'une psychose collective*.

Paris: Seuil, 1971.

FRIEDLÄNDER, Saul. *History and psychoanalysis: An inquiry into the possibilities and limits of psychohistory*. Trad. de Susan Suleiman. Nova York: Holmes and Meier, 1978.

_____. *When Memory Comes*. Trad. de Helen R. Lane. Nova York: Farrar, Straus and Giroux, 1979.

_____. *Memory, History, and the Extermination of the Jews of Europe*. Bloomington: Indiana University Press, 1993.

_____. *Nazi Germany and the Jews*. 2 vols. Nova York: HarperCollins, 1997-2007.

_____. *Where Memory Leads: My Life*. Nova York: Other Press, 2016.

_____. (Org.). *Probing the Limits of Representation: Nazism and the "Final Solution"*. Cambridge, MA: Harvard University Press, 1992.

FRITZSCHE, Peter. *Life and Death in the Third Reich*. Cambridge, MA: Harvard University Press, 2008.

FRÖLICH, Margrit. "Jenseits der Tatsachen und Erinnerungen: Imre Kertész' Roman eines Schicksallosen als literarisches Zeugnis des Holocaust". In: *Zeugenschaft des Holocaust: Zwischen Trauma, Tradierung und Ermittlung*. Org. de Michael Elm e Gottfried Kössler. Frankfurt: Campus Verlag, 2007.

FUNKENSTEIN, Amos. "The Incomprehensible Catastrophe: Memory and Narrative". In: *The Narrative Study of Lives*, v. 1. Org. de Ruthellen Josselson e Amia Lieblich. Newbury Park e Londres: Sage, 1993.

FUSSELL, Paul. *The Great War and Modern Memory*. Nova York: Oxford University Press, 1975.

GARBARINI, Alexandra. *Numbered Days: Dairies and the Holocaust*. New Haven, CT: Yale University Press, 2006.

GAY, Peter. *Freud, Jews and other Germans: Masters and Victims in Modernist Culture*. Nova York: Oxford University Press, 1978.

_____. "Inside the Third Reich". *New York Times Book Review*, 22 nov. 1998.

_____. *My German Question: Growing up in Nazi Berlin*. New Haven, CT: Yale University Press, 1998.

GEERTZ, Clifford. *The Interpretation of Cultures: Selected Essays*. Nova York: Basic Books, 1973.

GEERTZ, Clifford. *Works and Lives: The Anthropologist as Author.* Stanford, CA: Stanford University Press, 1988.

GELLATELY, Robert. *The Gestapo and German Society: Enforcing Racial Policy 1933-1945.* Oxford: Clarendon Press, 1991.

_____. *Backing Hitler: Consent and Coercion in Nazi Germany.* Oxford: Oxford University Press, 2001.

GERLACH, Christian. *The Extermination of the European Jews.* Cambridge: Cambridge University Press, 2016.

GEYER, Michael; JARAUSCH, Konrad. *Shattered Past: Reconstructing German Histories.* Princeton, NJ: Princeton University Press, 2003.

GIGLIOTTI, Simone. *The Train Journey: Transit, Captivity, and Witnessing in the Holocaust.* Nova York: Berghahn Books, 2009.

GILBERT, Felix. *A European Past: Memoirs 1905-1945.* Nova York: Norton, 1988.

GLAZAR, Richard. *Trap with a Green Fence: Survival in Treblinka.* Trad. de Roslyn Theoblad. Evanston, IL: Northwestern University Press, 1995.

GŁOWIŃSKI, Michał. *The Black Seasons.* Trad. de Marci Shore. Evanston, IL: Northwestern University Press, 2005.

GOLDHAGEN, Daniel Jonah. *Hitler's Willing Executioners: Ordinary Germans and the Holocaust.* Nova York: Knopf, 1996.

GORDON, Robert S. C. *Primo Levi's Ordinary Virtues: From Testimony to Ethics.* Oxford: Oxford University Press, 2001.

_____. (Org.). *The Cambridge Companion to Primo Levi.* Nova York: Cambridge University Press, 2007.

GOUREVITCH, Philip. "The Memory Thief". *New Yorker*, 14 jun. 1999, pp. 48-68.

GRABOWSKI, Jan. *Hunt for the Jews: Betrayal and Murder in German-Occupied Poland.* Bloomington: Indiana University Press, 2013.

GROSS, Jan T. *Neighbors: The Destruction of the Jewish Community in Jedwabne.* Princeton, NJ: Princeton University Press, 2001.

_____. *Revolution from Abroad: The Soviet Conquest of Poland's Western Ukraine and Western Belorussia.* Ed. expandida. Princeton, NJ: Princeton University Press, 2002.

_____. *Fear: Anti-Semitism in Poland after Auschwitz: An Essay in Histo-*

rical Interpretation. Nova York: Random House, 2006.

GROSS, Jan T. "Opportunistic Killings and Plunder of Jews by Their Neighbors — a Norm or an Exception in German Occupied Europe?" In: *Years of Persecution, Years of Extermination: Saul Friedländer and the Future of Holocaust Studies.* Org. de Christian Wiese e Paul Betts. Londres: Continuum, 2010.

_____.; GROSS, Irena G. *Golden Harvest: Events on the Periphery of the Holocaust.* Nova York: Oxford University Press, 2012.

GRUNER, Wolf. *Jewish Forced Labor Under the Nazis.* Nova York: Cambridge University Press, 2006.

GUTMAN, Israel. "Social Stratification in the Concentration Camps." In: *The Nazi Concentration Camps.* Org. de Israel Gutman e Avital Saf. Jerusalém: Yad Vashem, 1984.

_____. *The Jews of Warsaw 1939-1943.* Bloomington: Indiana University Press, 1994.

_____.; BEREBAUM, Michael. (Orgs.). *Anatomy of the Auschwitz Death Camp.* Bloomington: Indiana University Press, 1994.

HAFFNER, Sebastian. *Defying Hitler: A Memoir.* Trad. de Oliver Pretzel. Nova York: Farrar, Straus and Giroux, 2002.

HALWACHS, Maurice. *On Collective Memory.* Trad. de Lewis A. Coser. Chicago: University of Chicago Press, 1992.

HAMMERMANN, Gabrielle. "Die Todesmärche aus den Konzentrationslagern 1944/1945". In: *Terror nach Innen: Verbrechen am Ende des Zweiten Weltkrieges.* Org. de Cord Arendes, Edgar Wolfram e Jörg Zedler. Göttingen: Wallstein, 2006.

HARROWITZ, Nancy. *Primo Levi and the Identity of a Survivor.* Toronto: University of Toronto Press, 2016.

HART, Kitty. *I Am Alive.* Londres: Corgi, 1961.

_____. *Return to Auschwitz: The Remarkable Story of a Girl Who Survived the Holocaust.* Londres: Grafton, 1983.

HEER; Hannes. (Org.). *In the Heart of Farkness: Victor Klemperer as chronicler of the NS period.* Berlim: Aufbau-Verlag, 1997.

HEIM, Susanne. "The German-Jewish Relationship in the Diaries of Victor Klemperer." In: *Probing the Depths of German Antisemitism: German*

Society and the Persecution of the Jews, 1933-1941. Org. de David Bankier. Nova York: Berghahn Books, 2000.

HERBERT, Ulrich. *Hitler's Foreign Workers: Enforced Labor in Germany under the Third Reich*. Trad. de William Templer. Nova York: Cambridge University Press, 1997.

_____. (Org.). *National Socialist Extermination Policies: Contemporary German Perspectives and Controversies*. Nova York: Berghahn Books, 2000.

HERF, Jeffrey. *Divided memory: The Nazi Past in the Two Germanys*. Cambridge, MA: Harvard University Press, 1997.

_____. *The Jewish Enemy: Nazi Propaganda During World War II and the Holocaust*. Cambridge, MA: Harvard University Press, 2006.

HEYMAN, Éva. *The Diary of Éva Heyman*. Trad. de Misha M. Kohn. Nova York: Shapolsky, 1988.

HILBERG, Raul. *Perpetrators Victims Bystanders: The Jewish Catastrophe 1933-1945*. Nova York: HarperCollins, 1992.

_____. *The Destruction of the European Jews*. 3ª ed., 3 vols. New Haven, CT: Yale University Press, 2003.

HIRSCH, Marianne. *Family Frames: Photography, Narrative, and Postmemory*. Cambridge, MA: Harvard University Press, 1997.

HOFFMAN, Eva. *After Such Knowledge: Memory, History, and the Legacy of the Holocaust*. Nova York: Public Affairs, 2004.

HOROWITZ, Sara. *Voicing the Void: Muteness and Memory in Holocaust Fiction*. Albany: State University of New York Press, 1997.

HORWITZ, Gordon J. *Ghettostadt: Łódź and the Making of a Nazi City*. Cambridge, MA: Harvard University Press, 2008.

HOSENFELD, Wilm. *"Ich versuche jeden zu retten": Das Leben eines deutschen Offiziers in Briefen und Tagebüchern*. Org. de Thomas Vogel. Munique: Deutsche-Verlags Anstalt, 2004.

HOWE, Irving. "How to Write About the Holocaust." *New York Review of Books*, 28 mar. 1985.

HUGHES, H. Stuart. *Prisoners of hope: The Silver Age of the Italian Jews 1924-1974*. Cambridge, MA: Harvard University Press, 1983.

HUGHES, Judith M. *The Holocaust and the Revival of Psychological History*. Nova York: Cambridge University Press, 2015.

JÄCKEL, Eberhard; KULKA, Otto D. (Orgs.). *The Jews in the Secret Nazi Reports on Popular Opinion in Germany, 1933-1945*. New Haven, CT: Yale University Press, 2010.

JACOBS, Peter. *Victor Klemperer: Im Kern ein deutsches Gewächs: Eine Biographie*. Berlim: Aufbau, 2000.

JUDT, Tony. *Postwar: A History of Europe Since 1945*. Nova York: Penguin, 2005.

_____. *Reappraisals: Reflections on the Forgotten Twentieth Century*. Nova York: Penguin, 2008.

KAPLAN, Chaim A. *Scroll of Agony: The Warsaw Diary of Chaim A. Kaplan*. Org. e trad. de Abraham I. Katsh. Bloomington: Indiana University Press, 1999.

KAPLAN, Marion A. *Between Dignity and Despair: Jewish Life in Nazi Germany*. Nova York: Oxford University Press, 1998.

KARPF, Anne. *The War After: Living with the Holocaust*. Londres: Heinemann, 1996.

KASSOW, Samuel D. *Who Will Write Our History? Emanuel Ringelblum, the Warsaw Ghetto, and the Oyneg Shabes Archive*. Bloomington: Indiana University Press, 2007.

KERSHAW, Ian. *Popular Opinion and Political Dissent in the Third Reich: Bavaria 1933-1945*. Oxford: Oxford University Press, 1983.

_____. *Hitler*. 2 vols. Nova York: Norton, 1999-2000.

_____. *The Nazi Dictatorship: Problems and Perspectives of Interpretation*. 4ª ed. Nova York: Oxford University Press, 2000.

_____. *Hitler, the Germans, and the Final Solution*. New Haven, CT: Yale University Press, 2008.

_____. *The end: The Defiance and Destruction of Hitler's Germany, 1944-45*. Nova York: Penguin, 2011.

KERTÉSZ, Imre. "Nobel Lecture 2002: Heureka". Disponível em: <www.nobelprize.org/nobel_prizes/literature/laureates/2002/kertész-lecture-e.html>.

_____. *Fatelessness*. Trad. de Tim Wilkinson. Nova York: Vintage, 2004.

_____. *Kaddish for an Unborn Child*. Trad. de Tim Wilkinson. Nova York: Random House, 2004.

_____. *Liquidation*. Trad. de Tim Wilkinson. Nova York: Knopf, 2004.

KERTÉSZ, Imre. *Fiasco*. Trad. de Tim Wilkinson. Brooklyn, NY: Melville House, 2011.

_____. *The Holocaust as Culture*. Trad. de Thomas Cooper. Londres: Seagull Books, 2011.

_____. *Dossier K*. Trad. de Tim Wilkinson. Brooklyn, NY: Melville House, 2013.

KLEMPERER, Victor. *Curriculum Vitae: Erinnerungen 1881-1918*. Org. de Walter Nowojski. 2 vols. Berlim: Aufbau-Verlag, 1996.

_____. *Leben sammeln, nicht fragen wozu und warum*. Org. de Walter Nowojski, com a ajuda de Christian Löser. 2 vols. Berlim: Aufbau-Verlag, 1996.

_____. *I Will Bear Witness: A Diary of the Nazi Years 1933-1945*. Trad. de Martin Chalmers. 2 vols. Nova York: Random House, 1998-99.

_____. *The Lesser Evil: The Diaries of Victor Klemperer 1945-1959*. Resumo e trad. de Martin Chalmers. Londres: Weidenfeld and Nicolson, 2003.

_____. *The Language of the Third: LTI, Lingua Tertii Imperii: A philologist's Notebook*. Trad. de Martin Brady. Londres: Continuum, 2006.

KLÜGER, Ruth. *weiter leben: Eine Jugend*. Göttingen: Wallstein, 1992.

_____. *Still Alive: A Holocaust Girlhood Remembered*. Nova York: Feminist Press, 2001.

_____. *unterwegs verloren: Erinnerungen*. Viena: Paul Zsolnay, 2008.

_____. "The Future of Holocaust Literature". *German Studies Review*, n. 37, 2014, pp. 391-403.

KOGON, Eugen. *The Theory and Practice of Hell: German Concentration Camps and the System Behind Them*. Trad. de Heinz Norden. Nova York: Farrar, Straus, 1950.

KOHUT, Thomas A. *A German Generation: An Experiential History of the Twentieth Century*. New Haven, CT: Yale University Press, 2012.

KOONZ, Claudia. *The Nazi Conscience*. Cambridge, MA: Harvard University Press, 2003.

KÜHNE, Thomas. *Belonging and Genocide: Hitler's Community, 1918-1945*. New Haven, CT: Yale University Press, 2010.

KULKA, Otto D. *Landscapes of the Metropolis of Death: Reflections on Memory and Imagination*. Trad. de Ralph Mandel. Cambridge, MA: Harvard University Press, 2013.

LACAPRA, Dominick. *Representing the Holocaust History, Theory, Trauma.* Ithaca, NY: Cornell University Press, 1994.

_____. *History and Memory after Auschwitz.* Ithaca, NY: Cornell University Press, 1998.

LANG, Berel. *The Future of the Holocaust: Between History and Memory.* Ithaca, NY: Cornell University Press, 1999.

_____. *Post-Holocaust: Interpretation, Misinterpretation, and the Claims of History.* Bloomington: Indiana University Press, 2005.

_____. *Primo Levi: The Matter of a Life.* New Haven, CT: Yale University Press, 2013.

LANGBEIN, Hermann. *Against All Hope: Resistance in the Nazi Concentration Camps 1938-1945.* Nova York: Paragon House, 1994.

LANGER, Lawrence L. *Versions of Survival: The Holocaust and the Human Spirit.* Albany: State University of New York Press, 1982.

_____. *Holocaust Testimonies: The Ruins of Memory.* New Haven, CT: Yale University Press, 1991.

_____. *Admitting the Holocaust: Collected Essays.* Nova York: Oxford University Press, 1995.

_____. *Preempting the Holocaust.* New Haven, CT: Yale University Press, 1998.

_____. (Org.). *Art from the Ashes: A Holocaust Anthology.* Nova York: Oxford University Press, 1995.

LANZMANN, Claude. *Shoah: Transcription of English Subtitles.* Nova York: Pantheon, 1985.

LAQUEUR, Walter. "Three Witnesses: The Legacy of Viktor Klemperer, Willy Cohen, and Richard Koch". *Holocaust and Genocide Studies*, n. 10, 1996, pp. 252-66.

LASKER-WALLFISCH, Anita. *Inherit the Truth 1939-1945: The Documented Experiences of a Survivor of Auschwitz and Belsen.* Londres: Giles de la Mare, 1996.

LEJEUNE, Philippe. *Cher cahier...* Paris: Gallimard, 1989.

_____. *On Autobiography.* Trad. de Katherine Leary. Mineápolis: University of Minnesota Press, 1989.

LENGYEL, Olga. *Five Chimneys: The Story of Auschwitz.* Trad. de Clifford

Coch e Paul P. Weiss. Chicago: Academy Chicago, 1995.
LEVI, Primo. *The Voice of Memory: Interviews 1961-1987*. Org. de Marco Belpoliti e Robert Gordon. Trad. de Robert Gordon. Nova York: New Press, 2001.
_____. *The Complete Works of Primo Levi*. Org. de Ann Goldstein. 3 vols. Nova York: Liveright, 2015.
_____. e Leonardo de Benedetti. *Auschwitz Rreport*. Org. de Robert S. C. Gordon. Trad. de Judith Woolf. Londres: Verso, 2006.
LEWIS, Helen. *A Time to Speak*. Belfast: Blackstaff, 1992.
LIPSTADT, Deborah E. *Denying the Holocaust: The Growing Assault on Truth and Memory*. Nova York: Free Press, 1993.
_____. *The Eichmann Trial*. Nova York: Schocken, 2011.
LIPTON, Eunice. "Survival Skills". *Women's Review of Books*, n. 19.4, jan. 2002, pp. 11-2.
LIVINGSTON, Michael A. *The Fascists and the Jews of Italy: Mussolini's Race Laws, 1938-1943*. Nova York: Cambridge University Press, 2014.
LONGERICH, Peter. *"Davon haben wir nichts gewusst!": Die Deutschen und die Judenverfolgung 1933-1945*. Munique: Siedler, 2006.
_____. *Holocaust: The Nazi Persecution and Murder of the Jews*. Oxford: Oxford University Press, 2010.
LORENZ, Dagmar C. G. "Memory and Criticism: Ruth Klüger's weiter leben." *Women in German Yearbook*, n. 9, 1993, pp. 207-24.
LORIDAN-IVENS, Marceline; com Judith Perrignon. *But You Did Not Come Back: A Memoir*. Trad. de Sandra Smith. Nova York: Atlantic Monthly Press, 2016.
LOSOWICK, Yaacov. *Hitler's Bureaucrats: The Nazi Security Police and the Banality of Evil*. Trad. de Haim Watzman. Londres: Continuum, 2002.
LOWER, Wendy. *The Diary of Samuel Golfard and the Holocaust in Galicia*. Lanham, MD: AltaMira, 2011.
LUZZATTO, Sergio. *Primo Levi's Resistance: Rebels and Collaborators in Occupied Italy*. Trad. de Frederika Randall. Nova York: Metropolitan, 2016.
MAHLENDORF, Úrsula. *The Shame of Survival: Working Through a Nazi Childhood*. University Park: Pennsylvania State University Press, 2009.
MAIER, Charles S. *The Unnmasterable Past: History, Holocaust, and German*

National Identity. Cambridge, MA: Harvard University Press, 1988.

MALISZESWSKI, Paul. "A whiff of Turnip Soup". *Times Literary Supplement*, 19 ago. 2005.

MALLON, Thomas. *A Book of One's Own: People and Their Diaries*. Nova York: Ticknor and Fields, 1984.

MARCUS, Millicent; SODI, Risa. (Orgs.). *New Reflections on Primo Levi: Before and after Auschwitz*. Nova York: Palgrave Macmillan, 2011.

MARRUS, Michael R. *The Holocaust in History*. Hanover, NH: University Press of New England, 1987.

_____.; PAXTON, Robert O. *Vichy France and the Jews*. Nova York: Basic Books, 1981.

MASUROVSKY, Marc. "Visualizing the Evacuations from the Auschwitz-Birkenau Camp System: When Does an Evacuation Turn into a Death March?" In: *Freilungen: Auf den Spuren der Todesmärsche*. Org. de Jean-Luc Blondel, Susanne Urban e Sebastian Schönemann. Göttingen: Wallstein, 2012.

MAZOWER, Mark. *Hitler's empire: How the Nazis Ruled Europe*. Nova York: Penguin, 2008.

MENDELSOHN, Daniel. *The lost: A Search for Six of Six Million*. Nova York: HarperCollins, 2006.

MENDELSOHN, Erza. *The Jews of East Central Europe Between the World Wars*. Bloomington: Indiana University Press, 1983.

MICHLIC, Joanna B.; POLONSKY, Antony. (Orgs.). *The Neighbors Respond: The Controversy Over the Jedwabne Massacre in Poland*. Princeton, NJ: Princeton University Press, 2004.

MILLER, J. Hillis. *The Conflagration of Community: Fiction before and after Auschwitz*. Chicago: University of Chicago Press, 2011.

MOSELEY, Marcus. "Jewish Autobiography: The Elusive Subject". *Jewish Quarterly Review*, n. 95, 2005, pp. 16-59.

NÉMIROVSKY, Irène. *Suite Française*. Trad. de Sandra Smith. Londres: Chatto & Windus, 2006.

NIEWYK, Donald. (Org.). *Fresh Wounds: Early Narratives of Holocaust Survival*. Chapel Hill: University of North Carolina Press, 1998.

NOVICK, Peter. *The Holocaust in American Life*. Boston: Houghton Mifflin, 1999.

OFER, Dalia; WEITZMAN, Lenore J. (Org.). *Women in the Holocaust*. New Haven, CT: Yale University Press, 1998.

OLNEY, James. *Metaphors of self: The Meaning of Autobiography*. Princeton, NJ: Princeton University Press, 1972.

_____. *Memory and Narrative: The Weave of Life-Writing*. Chicago: University of Chicago Press, 1998.

_____. (Org.). *Autobiography: Essays Theoretical and Critical*. Princeton, NJ: Princeton University Press, 1980.

_____. (Org.) *Studies in Autobiography*. Nova York: Oxford University Press, 1988.

PARKS, Tim. "The Mystery of Primo Levi". *New York Review of Books*, 5 nov. 2015.

PATTERSON, David. *Sun Turned to Darkness: Memory and Recovery in the Holocaust Memoir*. Syracuse, NY: Syracuse University Press, 1998.

_____. *Along the Edge of Annihilation: The Collapse and Recovery of Life in the Holocaust Diary*. Seattle: University of Washington Press, 1999.

PAULSSON, Gunnar S. *Secret City: The Hidden Jews of Warsaw 1940-1945*. New Haven, CT: Yale University Press, 2002.

POHL, Dieter. "Die Holocaust Forschung und Goldhagens Thesen". *Vierteljahresheft e für Zeitgeschichte*, n. 45, 1997, pp. 12-48.

PORTER, Anna. *The Kasztner Train: The True Story of an Unknown Hero of the Holocaust*. Nova York: Walker, 2007.

POWELL, Lawrence N. "Auschwitz: A Counterlife". *The nation*, 9 abr. 2001.

RABINOVICI, Doron. *Eichmann's Jews: The Jewish Administration in Holocaust Vienna, 1938-1945*. Trad. por Nick Somers. Cambridge: Polity, 2011.

REICH-RANICKI, Marcel. *The Author of Himself: The Life of Marcel Reich-Ranicki*. Trad. de Ewald Osers. Princeton, NJ: Princeton University Press, 2001.

RENZA, Louis A. "The Veto of the Imagination: A Theory of Autobiography". *New Literary History*, 1977, pp. 1-26.

RINGELBLUM, Emmanuel. *Notes from the Warsaw Ghetto: The journal of Emmanuel Ringelblum*. Org. e trad. de Jacob Sloan. Nova York: McGraw-Hill, 1958.

ROSEMAN, Mark. *A Past in Hiding: Memory and Survival in Nazi Germany*. Nova York: Henry Holt, 2000.

ROSEMAN, Mark. "Contexts and Contradictions: Writing the Biography of a Holocaust Survivor". In: *Biography Between Structure and Agency: Central European Lives in International Historiography.* Org. de Volker R. Berghahn e Simone Lässig. Nova York: Berghahn Books, 2008.

ROSENFELD, Alvin H. *The End of the Holocaust.* Bloomington: Indiana University Press, 2011.

ROTH, Philip. "Conversation with Primo Levi". In: LEVI, Primo. *Survival in Auschwitz.* Trad. de Stuart Woolf. Nova York: Simon and Schuster, 1996.

ROUSSO, Henry. *The Vichy Syndrome: History and Memory in France Since 1944.* Trad. por Arthur Goldhammer. Cambridge, MA: Harvard University Press, 1991.

ROZETT, Robert. *Conscripted Slaves: Hungarian Jewish Forced Laborers on the Eastern Front During the Second World War.* Jerusalém: Yad Vashem, 2013.

SAFRIAN, Hans. *Eichmann's Men.* Trad. de Ute Stargardt. Nova York: Cambridge University Press, 2010.

SALTON, George Lucius; com Anna Salton Eisen. *The 23rd Psalm: A Holocaust Memoir.* Madison: University of Wisconsin Press, 2002.

SANDS, Philippe. *East West Street: On the Origins of Genocide and Crimes Against Humanity.* Londres: Weidenfeld and Nicolson, 2016.

SCHLEUNES, Karl A. *The Twisted Road to Auschwitz: Nazi Policy Toward German Jews 1933-1939.* Urbana: University of Illinois Press, 1970.

SCHMID, John. "An East German Publishing Coup". *New York Times*, 7 out. 1996.

SCHULTE-SASSE, Linda. "'Living on' in the American Press: Ruth Kluger's 'Still Alive' and its Challenge to a Cherished Holocaust Paradigm". *German Studies Review*, n. 27, 2004, pp. 469-475.

SEBASTIAN, Mihail. *Journal 1935-1944: The Fascist Years.* Org. de Radu Ioanid. Trad. de Patrick Camiller. Chicago: Ivan R. Dee, 2000.

SEGEV, Tom. *The Seventh Million: The Israelis and the Holocaust.* Trad. de Haim Watzman. Nova York: Hill and Wang, 1993.

SEIDMAN, Naomi. "Elie Wiesel and the Scandal of Jewish Rage". *Jewish Social Studies*, n. 3, 1996, pp. 1-19.

SEMPRÚN, Jorge. *The Long Voyage.* Trad. de Richard Seaver. Nova York:

Grove Press, 1964.

SERENY, Gitta. *Albert Speer: His battle with truth*. Nova York: Vintage, 1996.

———. *The Healing Wound: Experiences and Reflections on Germany, 1938-2001*. Nova York: Norton, 2001.

SHANDLEY, Robert R. (Org.). *Unwilling Germans? The Goldhagen Debate*. Mineápolis: University of Minnesota Press, 1998.

SNYDER, Timothy. *Bloodlands: Europe Between Hitler and Stalin*. Nova York: Basic Books, 2010.

———. *Black Earth: The Holocaust as History and Warning*. Nova York: Tim Duggan, 2015.

SOFSKY, Wolfgang. *The Order of Terror: The Concentration Camp*. Trad. de William Templer. Princeton, NJ: Princeton University Press, 1997.

SPEER, Albert. *Inside the Third Reich: Memoirs*. Trad. de Richard e Clara Winston. Nova York: Macmillan, 1970.

STANGNETH, Bettina. *Eichmann before Jerusalem*. Nova York: Knopf, 2014.

STARGARDT, Nicholas. *Witnesses of War: Children's Lives under the Nazis*. Nova York: Knopf, 2006.

———. *The German War: A Nation under Arms, 1939-1945*. Nova York: Basic Books, 2015.

STEINBERG, Paul. *Speak You Also: A Survivor's Reckoning*. Trad. de Linda Coverdale. Nova York: Picador, 2000.

STEINER, George. *Language and Silence: Essays 1958-1966*. Londres: Faber and Faber, 1967.

STEINLAUF, Michael C. *Bondage to the Dead: Poland and the Memory of the Holocaust*. Syracuse, NY: Syracuse University Press, 1997.

STEINWEIS, Alan E. *Kristallnacht 1938*. Cambridge, MA: Harvard University Press, 2009.

STONE, Dan. *Histories of the Holocaust*. Nova York: Oxford University Press, 2010.

———. *The Liberation of the Camps: The End of the Holocaust and its Aftermath*. New Haven, CT: Yale University Press, 2015.

SZIRTES, George. "Who Is Imre Kertész?". *Times Literary Supplement*, 18 out. 2002.

SZPILMAN, Wladyslaw. *The Pianist: The Extraordinary True Story of One*

Man's Survival in Warsaw, 1939-1945. Trad. de Anthea Bell. Nova York: Picador, 1999.

TARROW, Susan. "Remembering Primo Levi: A conversation with 'Il Pikolo del Kommando 98'". *Forum Italicum: Journal of Italian Studies*, n. 28, 1994, pp. 101-10.

TEC, Nechama. *Dry Tears: The Story of a Lost Childhood*. Nova York: Oxford University Press, 1984.

_____. *When the Light Pierced the Darkness: Christian Rescue of Jews in Nazi-Occupied Poland*. Nova York: Oxford University Press, 1986.

_____. *Resilience and Courage: Women, Men, and the Holocaust*. New Haven, CT: Yale University Press, 2003.

THOMSON, Ian. *Primo Levi*. Londres: Hutchison, 2002.

TODOROV, Tzvetan. *Facing the Extreme: Moral Life in the Concentration Camps*. Trad. de Arthur Denner e Abigail Pollak. Nova York: Henry Holt, 1996.

TOOZE, Adam. *The Wages of Destruction: The Making and Breaking of the Nazi Economy*. Londres: Allen Lane, 2006.

TORY, Avraham. *Surviving the Holocaust: The Kovno Ghetto Diary*. Org. de Martin Gilbert. Trad. de Jerzy Michalowicz. Cambridge, MA: Harvard University Press, 1990.

TRAVERSO, Paola. "Victor Klemperers Deutschlandbild — Ein jüdisches Tagebuch?". *Tel Aviver Jahrbuch für Deutsche Geschichte*, n. 26, 1997, pp. 307-44.

TRONCO, Isaiah. *Judenrat: The Jewish Councils in Eastern Europe under Nazi Occupation*. Nova York: Macmillan, 1972.

_____. Łódź Ghetto: A History. Bloomington: Indiana University Press, 2006.

TURNER, Henry Ashby, Jr. "Victor Klemperer's Holocaust". *German Studies Review*, n. 22, 1999, pp. 385-95.

VASVÁRI, Louise O.; ZEPETNEK, Steven T. (Orgs.). *Imre Kertész and Holocaust Literature*. West Lafayette, IN: Purdue University Press, 2005.

WACHSMANN, Nikolaus. *kl: A history of the Nazi Concentration Camps*. Nova York: Farrar, Straus and Giroux, 2015.

WASSERSTEIN, Bernard. *On the Eve: The Jews of Europe before the Second*

World War. Nova York: Simon e Schuster, 2012.

WATT, Roderick H. "'Landsersprache, Heeressprache, Nazisprache?' Victor Klemperer and Werner Krauss on the Linguistic Legacy of the Third Reich". *Modern Language Review*, n. 95, 2000, pp. 424-36.

WAXMAN, Zoë V. *Writing the Holocaust: Identity, Testimony, Representation*. Oxford: Oxford University Press, 2006.

WIESEL, Elie. *Night*. Trad. de Marion Wiesel. Nova York: Hill and Wang, 2006.

WIEVIORKA, Annette. *The Era of the Witness*. Trad. de Jared Stark. Ithaca, NY: Cornell University Press, 2006.

WILKOMIRSKI, Binjamin. *Fragments: Memories of a Childhood, 1939-1948*. Trad. de Carol Brown Janeway. Nova York: Schocken, 1996.

WISSE, Ruth. (Org.). *Holocaust Chronicles: Individualizing the Holocaust*. Hoboken, NJ: Ktav, 1999.

WOOD, James. "The art of Witness: How Primo Levi Survived". *New Yorker*, 28 set. 2015, pp. 68-75.

WYSCHOGROD, Edith. *An Ethics of Remembering: History, Heterology, and the Nameless Others.* Chicago: University of Chicago Press, 1998.

YERUSHALMI, Yosef Hayim. *Zakhor: Jewish History and Jewish Memory*. Seattle: University of Washington Press, 1982.

YOUNG, James E. "Interpreting Literary Testimony: A Preface to Rereading Holocaust Diaries and Memoirs." *New Literary History*, n. 18, 1987, pp. 403-23.

_____. *Writing and Rewriting the Holocaust: Narrative and the Consequences of Interpretation*. Bloomington: Indiana University Press, 1988.

_____. *The Texture of Memory: Holocaust Memorials and Meaning*. New Haven, CT: Yale University Press, 1993.

ZSOLT, Béla. *Nine Suitcases: A memoir*. Trad. de Ladislaus Löb. Nova York: Schocken Books, 2004.

ZUCKERMAN, Yitzhak. *A Surplus of Memory: Chronicle of the Warsaw Ghetto Uprising*. Trad. de Barbara Harshav. Berkeley: University of California Press, 1993.

Ouça este e milhares de outros livros no Ubook.
Conheça o app com o **voucher promocional de 30 dias**.

Para resgatar:
1. Acesse **ubook.com** e clique em **Planos** no menu superior.
2. Insira o código #UBK no campo **Voucher Promocional**.
3. Conclua o processo de assinatura.

Dúvidas? Envie um e-mail para contato@ubook.com

*

Acompanhe o Ubook nas redes sociais!
 ubookapp   ubookapp   ubookapp